De levensverhalen van Tessa en Yamila maken duidelijk dat de emancipatie van vrouwen zowel een individuele als een collectieve kwestie is. Niemand kan het alleen, maar uiteindelijk moet je het wel zelf doen. Eén ding maken ze overduidelijk : waar een wil is, is een weg.

Tarik Fraihi

Dé islam bestaat niet. Er is die van nu en die van vroeger. En er is een mijlengroot verschil, ook figuurlijk, tussen die van Zanzibar en die van Kosovo. Als je Yamila Idrissi leest dan begrijp je dat ook dé "allochtoon" niet bestaat. Ieder van hen heeft zijn eigen verhaal, zijn eigen manier van problemen oplossen. Of niet kunnen oplossen. En die problemen zijn *vooral* sociaal. Vergelijk haar verhaal met dat van Tessa Vermeiren en je zal het merken.

Lucas Catherine

Beide verhalen belichten wat al te vaak onderbelicht blijft : achterstelling en uitsluiting hebben in de eerste plaats sociaal-economische oorzaken. Beide verhalen bewijzen hoe belangrijk de zo gesmade elitaire cultuur is om talentvolle, maar kansarme jongeren uit hun isolement te bevrijden. Ik dank beide vrouwen voor hun moedige bijdrage tot, jawel, tot de volksverheffing.

Geert van Istendael

Tessa Vermeiren en Yamila Idrissi hebben elk een eigen bestaan bevochten, tegen de tradities in die wilden dat meisjes uit arbeidersgezinnen snel gingen werken en snel gingen trouwen. Beiden hebben ze daarvoor een prijs betaald; beiden zijn sterke zelfbewuste vrouwen geworden. Elk vertelt haar verhaal en nodigt de lezers uit om op hun beurt te ontdekken dat men aan de ander zichzelf kent.

Annemie Neyts

Ondanks de verschillen fascineren de levensverhalen van Tessa Vermeiren en Yamila Idrissi vooral door wat ze gemeen hebben. Vechten tegen sociale achterstelling, tegen vooroordelen op school en in de familie, en voor gelijke kansen in professionele en privé-relaties. Dat beide vrouwen de moed hadden om hun trajecten op openhartige wijze op papier te zetten, dwingt respect af, maar geeft ook hoop op een moment dat de interculturele samenleving overal onder druk staat. Dat Yamila Idrissi in Vlaanderen meermaals met racisme werd geconfronteerd is overduidelijk. Toch toont dit boek aan dat een voortdurende strijd voor gelijke kansen alleszins een deel van de remedie is tegen de "clash of civilizations", waar sommigen vandaag op aansturen.

Jan Goossens

Twee sterke vrouwen vertellen hun levensverhaal. Hoewel beide verhalen heel anders zijn (andere generatie, andere cultuur – de ene vrouw zou mijn moeder kunnen zijn, de andere mijn vriendin), zijn het toch de gelijkenissen – hun emancipatiedrang, hun zoektocht naar vrijheid – die het meest in het oog springen. Wat ons bindt is sterker dan wat ons scheidt.

Kathleen Van Brempt

Idrissi en Vermeiren tonen ons wat emancipatie is. Wat er gewonnen wordt . Maar ook wat er verloren gaat. En hoe het traject van een Vlaamse vrouw niet verschilt van dat van een Marokkaanse. Het vaak blind navigeren in een wereld die vreemd is. Thuis in de verkeerde netwerken. Er niet altijd in slagen om de schutkleur van de bestemming aan te nemen. En hoe via de vader de band met het achterland bewaard blijft. Mooi!

Luc Huyse

Voor Kristin,
Van harte,
Yamila
5/11/05

KIF-KIF

Aan de ander kent men zichzelf

Tessa Vermeiren | Yamila Idrissi

Voor Nourmen, Fadwa, Anissa, Yousra, Younes, Ismaël, Inez, Soefian en Seimi. De volgende generatie Idrissi's.

Een verhaal van vallen en opstaan

en opstaan vallen van verhaal Een

Hanif Kureishi heeft mij het afgelopen jaar intens gezelschap gehouden, ook al is hij zich daar niet van bewust. Nog voor er sprake was van dit boek, was Hanif meestal bij me. Hij is het afgelopen jaar met mij mee gereisd naar Marokko, naar New York, naar zee... Deze schrijver intrigeert me, stelt me gerust en stemt me hoopvol.

Nochtans hebben we op het eerste gezicht weinig gemeen. Hij is een man en ik ben een vrouw. Hij woont in Londen en ik in Brussel. Hij is schrijver en scenarist; ik ben juriste en politica. Zijn vader komt uit een vooraanstaande, elitaire familie; mijn vader komt uit een financieel zwakke familie.

Hij is in Londen geboren, heeft een Engelse moeder en een Pakistaanse vader. Zijn vader is in 1947 van Bombay naar Engeland gekomen om er te worden opgeleid door de voormalige koloniale machthebber. Zijn vader is gehuwd in Londen en keerde nooit meer terug naar zijn geboorteland. Mijn vader is in 1963 naar België gekomen op zoek naar een betere toekomst voor zichzelf en zijn kinderen. Ik ben geboren in Marokko, in Imrabten, en was één jaar oud toen ik met mijn moeder naar België immigreerde. De meeste zomers heb ik doorgebracht in Marokko. Zijn vader is niet gelovig; mijn vader is een vrome en traditionele moslim.

Voor hem was studeren een evidentie, voor mij betekende studeren mij niet schikken naar mijn lot. Hoe komt het dat ik mijn studies succesvol heb kunnen afronden? Ondanks een gestegen instroom van allochtone studenten aan de universiteit Antwerpen tussen 1993 en 2003, is hun slaagpercentage onverminderd laag gebleven. Vooral bij de Arabische, Maghrebijnse en Turkse studenten zijn er bijzonder weinig die slagen, lees ik in de krant. 'Hoe komt dat?', vroeg Michel Magits, voormalig decaan van de rechtsfaculteit aan de Vrije Universiteit Brussel en mijn vroegere professor, mij onlangs.

Ik moest denken aan mijn eigen studententijd. Wat maakte dat het zo moeilijk was? Was het mijn Marokkaanse moslimcultuur, die in bepaalde kringen als een belangrijke reden voor mislukken wordt aangehaald? Of was het veeleer het arbeidersmilieu waar ik uitkom? Het milieu waarin je opgroeit, het gezin waaruit je komt, bepalen voor een groot deel de slaagkansen en de klim op de sociale ladder. Vaak zijn er zichtbare, financiële en materiële, ketenen, maar ook onzichtbare, emotionele en psychologische. Die ketenen worden dikwijls demonen, de demonen van je eigen angsten. De pijn en de eenzaamheid, die voortkomen uit het totale gebrek aan referentiekader. De pijn en de eenzaamheid die je gedurende lange tijd met je meedraagt.

En toch is er heel wat herkenning met Hanif Kureishi. Ik heb het gevoel dat we dezelfde weg bewandelen, alleen loopt hij een paar stappen voorop en dus is hij voor mij een soort ijkpunt. 'Wie aan zichzelf twijfelt, is daarom niet zwak,' schreef V.S. Naipaul, een schrijver die we allebei gelezen hebben. Dezelfde twijfel, dezelfde vragen over identiteit en sturing, dezelfde zoektocht...

Het overwinnen van deze demonen en het geluk mensen te ontmoeten die beslissen een deel van je parcours mee te lopen, maken dat je slaagt of faalt. Of het in de ene of de andere richting kantelt, hangt vaak af van toeval. De scheidingslijn is flinterdun. En ondanks afkomst, sociale klasse en geluk is er ook zoiets als individuele keuze. Op voorwaarde natuurlijk dat men bereid is de prijs te betalen.

Omdat emigratie en ontheemding tegenwoordig het normale levenspatroon vormen, is het nagenoeg onmogelijk om de juiste woorden voor verwonding en binding te vinden. Onze behoefte aan een thuis wordt verwoord in de taal van het gemis. Trouwens, om die behoefte zelfs maar te ervaren, moet je al ontheemd zijn. Binding is nu meer herinnering dan ondervinding, meer verbeelding dan tastbaarheid. Het leven is in zo'n stroomversnelling geraakt dat er onder ons zijn die het gevoel hebben dat we in vorige stadia van ons leven letterlijk een ander mens waren. En als de continuïteit van onze eigen persoonlijkheid vandaag al in het gedrang komt, is onze familieband met het voorgeslacht nog meer aan twijfel onderhevig. Stevig verankerd in een tijd die nu achter ons ligt, staren onze grootouders ons vanaf de bladzijden van het familiealbum aan, met woorden op hun lippen die wij niet kunnen horen.

'Het is vreemd om naar het land van je voorouders te reizen en erachter te komen hoeveel je gemeen hebt met de mensen die daar leven, maar je tegelijkertijd toch te realiseren hoe Engels je bent, de mate waarin, zoals Orwell zegt, "de niervetpuddingen en de rode telefooncellen je ziel zijn binnengedrongen." Dát wilde je nou niet bepaald ontdekken. Maar je ontdekt inderdaad ook dat soort dingen. En je ontdekt hoe weinig keus je hebt wat je achtergrond en de plaats waar je thuishoort betreft. Je kijkt ernaar uit om terug te gaan, je denkt vaak aan Engeland en aan wat het voor je betekent – en je denkt er vaak over na wat het betekent om Engels te zijn,' zo schrijft Hanif Kureishi in zijn boek *Dromen en daden*.

Voor een Marokkaan ben ik '*Yamila* bent *Haddou*', Yamila dochter van Haddou, een individu geworteld in een familieverleden. In de niet-Marokkaanse wereld waarin ik leef, kent men mij om wat ik doe, om wat ik nu ben, niet vanwege het verleden dat ik belichaam. Het verschil tussen allochtonen en autochtonen wordt op dit moment fel benadrukt, het 'wij en zij'-denken waarbij voortdurend op de verschillen gehamerd wordt. De verschillen worden als een onoverbrugbare kloof voorgesteld. Voor mij is dàt niet de echte breuklijn. Zelden gaat het debat over de vraag wat we gemeen hebben. Bijvoorbeeld de angst voor de *ander*. Wat betekent het om Belg of nieuwe Belg te zijn in een veelkleurige samenleving? Wanneer we vragen stellen over immigratie en de immigrant, dan is het onvermijdelijk dat we ook uitkomen bij vragen over wie *wij* zijn en wat we willen zijn.. Het 'wij-zij-discours' wordt gebruikt om fundamentele tegenstellingen te verdoezelen. De ware breuklijn is volgens mij sociaal-economisch.

De affiniteit met iemand komt voor mij meer doordat hij of zij ook uit de arbeidersklasse komt, dan wel doordat hij of zij ook moslim is. Die affiniteit voel ik met Tessa Vermeiren. Haar verhaal is voor mij heel herkenbaar. Een vrouw die, ondanks het arbeidersmilieu waarin ze opgroeit, op eigen risico haar eigen weg gaat. Zich niet neerlegt bij wat voor haar voorbestemd lijkt. De Vlaamse arbeidersklasse uit de jeugd van Tessa is opgeschoven naar boven. Hun plaats is nu ingevuld door een andere sociaal-economisch zwakkere groep: de achtergestelde allochtonen.

Als ik vandaag opmerkingen hoor als 'Yamila is geen allochtone meer want ze heeft het gemaakt', of 'Ze heeft weinig affiniteit meer met het arbeidersmilieu want ze is een intellectuele', dan ben ik boos. 'Het meisje is weggegaan uit de volkswijk, maar de volkswijk is nooit uit het meisje verdwenen,' is hierop mijn repliek.

In mijn publieke functie, als politica, heb ik getracht mijn privé-leven zo veel mogelijk af te schermen. Ik geloof zeer sterk in de maakbaarheid van de samenleving. Ik wilde beïnvloeden, beleidslijnen uittekenen en voorstellen doen. Ik wilde mijn persoonlijk verhaal daarvoor vooral niet gebruiken. Vandaag doe ik dat toch, omdat ik ervan overtuigd ben dat het persoonlijke politiek is.

Of, zoals Alice Miller schrijft: 'Mensen die bereid zijn hun geschiedenis uit het duister van het vergeten op te graven, zullen ook andere mensen de moed geven zo een stap te wagen, en door hun ontwaakte bewustzijn meer licht en helderheid in de duisternis van de tegenwoordige politiek brengen.'

Ik ben van Marokkaanse afkomst, ik ben opgevoed als moslim, ik kom uit een arbeidersmilieu en ik ben een vrouw. Vier factoren die het mij eerder moeilijk maakten om een diploma maatschappelijk assistent te halen en daarna een universitair diploma in de Rechten. Factoren die het ook moeilijker maken om op te klimmen op de sociale ladder. Toch is dit geen romantisch succesverhaal. Het is het verhaal van vallen en opstaan. Van veel pijn en af en toe intense blijdschap. Van vervreemding en verbondenheid. Van op het punt staan om op te geven en van toch koppig doorzetten. Al die dingen kenmerken, denk ik, zowel mijn verhaal als dat van Tessa. Het zijn verhalen van ongelijke kansen en sociale onrechtvaardigheid. Van emancipatie en ontvoogding. Van durven kiezen.

Op reis
naar
mijn
verleden

verleden
mijn
naar
Op reis

Ik ben geboren in Marokko, in het dorp Imrabten, en dus ben ik een 'Tamrabet'. Een mooie naam voor iemand die uit Imrabten komt als ik. 'Mijn vader, Haddou Idrissi, en mijn moeder, Tahra Aalou, zijn geboren en getogen in Imrabten,' is mijn antwoord aan mijn tafelgenoot, tijdens een diner op de Amerikaanse ambassade ter gelegenheid van de ramadan. Die bewuste avond in 2004 zijn over de hele wereld op de Amerikaanse ambassades 'iftars' georganiseerd, waarbij de lokale elite die een islamitische achtergrond heeft, uitgenodigd wordt ter gelegenheid van de ramadan. De bedoeling is om de banden met die groepen aan te halen. Ook op het Witte Huis wordt zo'n 'iftar' georganiseerd.

Verbaasd had hij me aangekeken en gevraagd: 'Met jouw familienaam moet jij wel van Fès of Meknes zijn, de meeste Idrissi's komen vandaar. Ben jij "een chorfa"?'

Chorfa betekent dat je een afstammeling van de profeet Mohammed bent. Ik dacht van wel, maar ik kon hem er niet meer over vertellen. Een paar dagen later ontvang ik van mijn tafelgenoot, een Marokkaan die uit dezelfde streek in Marokko komt als ik, een pakje. Een boek dat gaat over de Idrissi's van Imrabten. Mijn nieuwsgierigheid is geprikkeld. Ik zit met duizenden vragen, maar heb weinig antwoorden. Daarom besluit ik mijn ouders uit te nodigen voor een lunch bij mij thuis.

Ik laat hen het boek zien en begin gerichte vragen te stellen. 'Wat is de relatie Jeddi Azouz en 'de clan van Imrabten'? Wie heeft Imrabten gesticht? Ze kunnen mij een aantal stukjes van de puzzel geven, maar hebben zelf meer vragen dan antwoorden. Ook hun nieuwsgierigheid is geprikkeld. Ik zie hoe de ogen van mijn anders zeer rustige vader beginnen te fonkelen. 'Yamila, jij zal ons familieverhaal moeten schrijven.

Ga naar Marokko en zoek het uit, niet alleen voor jou, maar ook voor ons.'

Terug naar je roots. Mijn verleden afpellen, blaadje per blaadje, het bezorgt me een spannend gevoel. Ik moet het weten, ik moet gaan. Dus beslis ik om naar Imrabten en Oujda te reizen en mijn oudste nog levende familieleden te spreken. Mijn grootmoeder Mimount en mijn grootoom Si Tahar die ik bijna twintig jaar niet gezien heb. Mijn grootmoeder is eind 80, mijn grootoom is begin 90. En allebei zijn ze nog glashelder van geest. Het enige verleden dat echt is, dat hoe dan ook bestaat, ligt besloten in hun herinneringen. Wanneer zij sterven, gaat het verleden dat zij in zich bergen doodeenvoudig verloren, en wij die na hen komen, kunnen hun ervaring niet erven, enkel de mythe kan blijven bestaan. Hun verhaal zou wegvliegen met een zwoele Marokkaanse wind.

Wanneer ik aan mijn broers en zussen over mijn reisplannen vertel, reageren ze enthousiast. 'Tof dat je dat wilt doen, eigenlijk zitten wij ook met zeer veel vragen.' Vooraleer ik vertrek, moet ik nog wat cadeaus uitkiezen. Je kan niet met lege handen naar je familie gaan. Het is winter in Marokko en het kan heel koud zijn. Ik besluit voor mijn grootmoeder en groot oom een mohair dekentje mee te nemen. Voor tante Batoula voorzie ik een beetje geld. Voor andere familieleden neem ik zoetigheden mee.

Op de dag dat ik mijn vliegtuigticket voor Marokko koop, krijg ik per post een pakketje. Ik ben heel nieuwsgierig, want ik verwacht helemaal geen pakjes. Het is het boek 'Mijn Marokko', dat een Nederlandse uitgeefster me stuurt. Ik heb haar een paar maanden eerder ontmoet. Is dit toeval? Ik besluit in elk geval dat het een goed voorteken is. Twee weken later is het zover, ik mag mijn bagage maken, maar aarzel over mijn kledij. Hoe winters is Imrabten eigenlijk? Tot dusver ben ik er altijd tijdens de warme vakanties geweest. Het is heel opwindend te weten dat ik 'mijn' geschiedenis zal induiken om de geheimen van de tijd te ontrafelen. Zal ik echt de antwoorden vinden op al mijn vragen? Wat verwacht ik? Hoever zal ik terug in de familiegeschiedenis kunnen gaan? En vooral: welke schakel ben ik in de familieketen?

Ik zit in de vertrekhal van de luchthaven. Omringd door andere Marokkanen die wachten op de vlucht naar Nador, krijg ik het gevoel dat ik anders ben. Als ik sommige mannen en vrouwen gadesla, lijkt het wel of de tijd heeft stilgestaan. Mannen met baarden en lange gewaden. Vrouwen met hoofddoeken in alle kleuren en vormen, van supermodern tot conservatief (helemaal in het zwart met spleetje voor de ogen en zelfs een zwarte zonnebril). Heeft de tijd dan echt stilgestaan?

In het damestoilet ontmoet ik een hippe, moderne Marokkaanse vrouw. Ik spreek haar aan in het Frans en vraag of ze ook op weg is naar Marokko. In gebroken Frans probeert ze te antwoorden, ons gesprek zal uiteindelijk in het Arabisch eindigen. Ja, ze is Marokkaanse ze komt uit Fès. Neen, ze zit niet op de vlucht naar Nador, ze is net geland uit Marokko. Brussel is maar een tussenstop, ze is op weg naar Oekraïne. Het hippe meisje uit Marokko op weg naar Oekraïne en de traditioneel geklede meisjes op weg naar Marokko. Het contrast kan niet groter zijn.

In het holst van de nacht kom ik bij mijn grootmoeder Mimount en tante Batoula aan. Ze zijn niet gaan slapen, maar wachten me vol ongeduld op. Ik had mijn tante gezegd dat ik op bezoek kwam, maar de ware reden had ik nog niet verteld.

Pas aan de ontbijttafel vertel ik mijn grootmoeder wat de opzet van mijn reis is. Gedecideerd antwoordt ze: 'Ik wil het je wel vertellen, maar je moet me beloven dat je het opschrijft! Zodat het nooit meer verloren gaat.'

Imrabten is een pittoresk dorp in het Noorden van Marokko. Het is rond de vijftiende eeuw gesticht door mijn voorvader Azouz, althans volgens de legende. Aanvankelijk werd Imrabten gebruikt als graasland. Dezelfde legende leert dat stamvader Azouz een opmerkelijk figuur is. Hij is een 'amrabet' en wordt beschouwd als een soort heilige. Enerzijds zou hij, en dus ook ik, afstammen van 'Moulay Idriss' (vandaar mijn familienaam Idrissi). Moulay Idriss de eerste, die afstamt van de profeet via Hassan, de kleinzoon van de profeet Mohammed (de zoon dus van zijn dochter Fatima en zijn schoonzoon Ali) belandde al in de achtste eeuw als 'vluchteling' in Marokko, meer bepaald in de stad Tanger. Hij kwam uit Saoudi Arabië. Kort daarna stichtte hij de Idrissi-dynastie. Zij zoon Idriss de tweede, heeft de stad Fès gesticht. Gedurende het bewind van Idriss II werd de stad Fès een opvangcentrum voor politiek-religieuze vluchtelingen uit onder meer Andalusië (Zuid-Spanje).

Stamvader Azouz wordt geroemd omwille van zijn heldhaftig optreden tegen de Portugese kolonisator in het noorden van Marokko. In de vijftiende eeuw zetten de Spanjaarden en Portugezen voet aan wal. Ze bezetten de belangrijkste havens, waaronder die van Melilla. Deze enclaves werden gebruikt door Europese kooplui die hun schepen vollaadden met wol en leer. Stamvader Azouz zou dan ook gestorven zijn 'bij de slag om Bouaffer' vlak bij Melilla in een strijd tegen de Portugezen. Azouz betekent in het Arabisch 'de sterke'.

Vandaag is er rond zijn graf nog altijd een mausoleum (*marabout*) en komen pelgrims van heinde en ver op bedevaart bij Sidi Azouz. In mijn kinderjaren is hij heel lang verbonden geweest aan onze jaarlijks uitstap naar 'Jeddi (grootvader) Azouz'. Mijn familie was de enige die hem grootvader mocht noemen; de anderen noemden hem Sidi. 'Sint' komt in de buurt van wat 'Sidi' betekent. Deze uitstap was voor mij een soort veredelde picknick. Met grootmoeder, ooms en tantes, neven en nichten, trokken we naar zijn begraafplaats. We offerden een lam. De ouderen kookten en wij, de kinderen, plukten braambessen. Er werd geravot met neefjes en nichtjes. Er werd gelachen en plezier gemaakt. En het graf van 'grootvader' werd bezocht, waarbij een ritueel hoorde. Je moest er een aantal keer rond lopen en een wens doen in de hoop dat hij dit zou overbrengen bij Allah. Mijn moeder wenste steevast hetzelfde voor mij. Dat ik minder weerbarstig zou zijn en volgzamer zou worden. Ik was een koppig kind en stampvoette als ik mijn zin niet kreeg. Ik vrees dat haar gebeden nooit zijn aanhoord.

Maar het betekende veel meer dan dat. Het betekent ook dat wij 'chorfa' zijn. In Marokko is de samenleving, naast de sociaal-economische of ideologische opdeling, ook opgedeeld in zij die chorfa zijn en zij die het niet zijn.

'Chorfa' houdt in dat je een groot moreel gezag hebt en dat je daarom een voorbeeldfunctie krijgt. Het geeft het hoofd van de clan het gezag om te bemiddelen tussen conflicterende families of clans. Er wordt hem om advies gevraagd. Daardoor zijn de mensen van Imrabten zeer gerespecteerd in de wijde omgeving en worden ze met ontzag behandeld. Vandaag is mijn grootoom Si Tahar hoofd van de chorfa van Imrabten.

Zelf heb ik mij nooit gerealiseerd welke impact dit heeft. Hoewel ik, af en toe, toch verbaasd was over de impact van mijn familienaam op sommige mensen.

Dit alles betekent echter niet dat ik uit een welgestelde familie kom. Integendeel, hoewel mijn familie zowel langs vaders als langs moeders kant een groot moreel gezag had, deelden ze in de zeer benarde economische toestand van het noorden van Marokko. Dorre, weinig vruchtbare grond, de Rifoorlog in de jaren twintig. Dat was een ontvoogdingsstrijd, één van de langdurigste stammenopstanden van de rifijnen, aangevoerd door Abdelkrim El Kathabi.

De opstand had een tweeledig doel: enerzijds verzet tegen de Spaanse kolonisator, anderzijds opstand tegen het Marokkaanse centrale gezag. Met als gevolg dat de onafhankelijke Rif, in het noorden van Marokko, als een republiek werd uitgeroepen. In 1927 werd de Rifrebellie uiteindelijk bedwongen. Voor die opstand werd een zware prijs betaald. De huizen waren kapot gebombardeerd, de voedselbevoorrading was afgesloten en de landbouwers waren hun meest vruchtbare grond kwijtgespeeld. Met hongersnood en dodelijke ziektes, zoals tyfus, tot gevolg. Aanvankelijk leidde de hongersnood tot interne migratie naar de meer vruchtbare streken zoals Fès en Meknes. Grootvader Mohammed heeft een aantal jaar in de buurt van Meknes gewerkt en zijn broer Abdeslam is in Meknes blijven wonen. Vandaar dat een tak van de familie zich vandaag nog steeds daar bevindt.

Mijn familie in Imrabten werd niet gespaard. Er brak een tyfusepidemie uit. Mijn overgrootvader Si Amar overleed in 1942 aan die ziekte, die hoge koorts, hoofdpijn, huiduitslag en misselijkheid veroorzaakte. Op hetzelfde ogenblik vertoonde grootoom Si Tahar dezelfde symptomen. Hij lag in zijn ziekbed naast de kamer van overgrootvader en kon niet eens bij het sterfbed van zijn vader komen. Ook zijn zoon, mijn grootvader Mohammed, was er niet bij. Die was immers in Meknes en tegen de tijd dat hij het droeve nieuws ontving, was mijn overgrootvader thuis in Imrabten al begraven. Mijn vader was er wel. Als kind heeft hij de dood van zijn grootvader van heel dichtbij meegemaakt, zo vertelt hij me wanneer ik terug ben uit Marokko. Zijn moeder, Memma moh haj haddou, heeft mijn vader nooit gekend. Daarvoor is ze te vroeg in het kraambed gestorven, toen hij nog een peuter was.

Mijn overgrootvader liet twee vrouwen en twaalf kinderen na. Sommigen waren getrouwd, anderen waren nog vrijgezel en moesten onderhouden worden. Voor mijn grootvader Mohammed was dit het einde van zijn Meknes avontuur en het moment om terug te keren naar Imrabten en zorg te dragen voor zijn grote familie. Er moest immers brood op de plank komen. Hij werd de nieuwe pater familias. Als kleine keuterboer in Imrabten heeft hij het grootste deel van zijn leven in de fosfaatmijn van Wixan gewerkt. Die was in handen van de Spaanse kolonisator. De familie leed bittere armoede. En toch kon grootoom Si Tahar studeren. De enige van de twaalf. Hij was een briljant student en studeerde afwisselend in Tetuán en Fés aan gerenommeerde medrassa's. Keihard studeren en de gevolgen van de tyfus die hij in 1942 had overwonnen, zijn twee constanten die steeds opduiken in zijn verhaal. Grootoom Si Tahar had de ziekte dan wel overwonnen, maar de bacterie was in zijn lichaam gebleven en stak geregeld de kop op. Zijn levensverhaal is er een van ontzettend veel geluk. Door zijn zeer goede studieresultaten werd hij opgemerkt door een rijke handelaar, die besliste al de kosten van zijn studies te financieren. Later zou Si Tahar de dochter van de rijke handelaar huwen.

Als student in Fès raakte grootoom Si Tahar begin jaren vijftig betrokken bij de onafhankelijkheidsstrijd. Er kwamen felle opstanden en zo'n zeshonderd studenten werden opgepakt. De Fransen wezen de medrassa's, waaronder de befaamde Karaouien, aan als broeihaarden van de opstand en de scholen werden gesloten. Ook mijn grootoom Si Tahar belandde in de gevangenis. Zijn studentenkamer in de medrassa El Andalous werd 'onderzocht', lees: helemaal overhoop gehaald. Boeken, brieven en dagboeken werden in beslag genomen. Hij kreeg ze nooit meer terug. De boeken lagen hem nochtans nauw aan het hart en terwijl hij me dit vertelde, hoor ik het gemis in zijn stem. Aangezien hij uit de streek afkomstig is waar de Spaanse kolonisator aan de macht was, werd hij algauw uit de gevangenis ontslagen en onder huisarrest geplaatst in Fès, tot hij overgeleverd werd aan de Spanjaarden. Marokko was immers gekoloniseerd door de Fransen en de Spanjaarden. Die hadden het land in tweeën gedeeld. Fés was in Franse handen, Imrabten in Spaanse. Zwaar ondervoed, geheel verzwakt en ziek, kon hij uiteindelijk zijn familie in Imrabten vervoegen. Hij was erg uitgeput. Gelukkig kwam zijn broer Mohammed hem te paard tegemoet voor het laatste stuk weg.

Met een bang hart ga ik mijn grootoom Si Tahar bezoeken in Oujda. Meer dan zestien jaar heb ik hem niet gezien en weet absoluut niet hoe ik ontvangen zal worden. Om alle verrassingen te voorkomen, heb ik het volgende georganiseerd. Een vriend die ook voor zijn werk in Oujda is, kan ik die avond ontmoeten en desnoods in hetzelfde vertrouwde hotel overnachten. Eigenlijk ben ik van plan bij mijn grootoom te overnachten, maar als ik niet gastvrij word ontvangen, heb ik toch een uitwijkmogelijkheid. Wanneer ik in het huis van mijn grootoom binnenkom, word ik in een soort antichambre geplaatst (het is zoals op audiëntie gaan). Allerlei spookbeelden gaan door mijn hoofd. Ik denk dat het een slecht voorteken is dat hij mij niet onmiddellijk ontvangt en net op het ogenblik dat ik de wanhoop nabij ben, komt de bode mij halen. Hij brengt me naar de studeerkamer van mijn grootoom. Een kamer die vrij sober is ingericht. Een riante bibliotheek trekt de aandacht. Ik zie mijn grootoom trots, met rechte rug, in kleermakerszit in de hoek van de kamer zitten. Hij draagt een crèmekleurige schapenwollen djellaba met daarover een zwarte cape. Op zijn hoofd een witte tulband. Meteen herken ik in hem een aantal kenmerken van mijn vader. Zijn priemende ogen, zijn hoge jukbeenderen en zijn tenger gelaat. Hij geeft een zeer serene, waardige indruk en ik merk dat ik emotioneel word. Na de traditionele begroeting en de vraag hoe het met mijn ouders gaat, stelt hij mij de vraag: 'Yamila, aan wat hebben we dit heugelijke bezoek te danken?' Ik had mijn bezoek wel vooraf aangekondigd, maar had ook aan hem geen specifieke reden opgegeven. 'Ik ben op zoek naar mijn wortels en zou u graag daarover spreken.'

Zijn ogen beginnen te glinsteren. 'Het is goed, Yamila, dat je dat probeert uit te vinden. Als je niet weet waar je vandaan komt, dan weet je niet wie je bent. Het is dus een zeer lovenswaardige zaak dat je dit doet,' antwoordt mijn grootoom.

En ik begin vragen stellen en hij antwoordt snel en geestdriftig. Het wordt een geanimeerd gesprek. Zijn vrouw komt ons melden dat de koffie klaar staat, maar hij stuurt haar met een handgebaar weg. Eerst moeten we dat gesprek afmaken.

We hebben geen tijd te verliezen. Na drie kwartier komt ze opnieuw. 'Si Tahar, het is tijd voor je gebed' (een moslim moet vijf keer per dag bidden op bepaalde tijdstippen). Weer stuurt hij haar weg: 'Zie je niet dat we bezig zijn?' 'Maar Si Tahar, je verzuimt nooit je gebed,' repliceert zijn vrouw.

Na drie uur houden we op. 'Yamila, ik weet dat je nog ergens voor het avondmaal verwacht wordt, maar ik sta erop dat je terugkomt om hier te overnachten'

De volgende ochtend, direct na het ontbijt, word ik opnieuw bij hem geroepen. 'Yamila, kan je voor mij een paar boeken uit mijn bibliotheek halen?' Hij wijst ze aan en opnieuw zijn we heel de voormiddag aan het praten. Ik merk dat hij zich amuseert en graag op mijn vragen antwoordt. Die dag komen er toevallig Imrabtenaren langs die advies willen over de waterbron van Imrabten. Een naburig hoger gelegen dorp wil via juridische weg het recht op de waterbron bekomen. Mijn grootoom zal hen helpen. 's Avonds nemen we afscheid, een innig moment. 'Gaan we je ooit nog terugzien?', vraagt hij. 'Insjallah,' antwoord ik.

In 1955 werd Marokko onafhankelijk. Mijn grootoom ging terug naar Fès en hervatte zijn studies. Hij zou het tot een gerespecteerd magistraat brengen. Trouwens, hij was de enige van zijn generatiegenoten in Imrabten en omstreken die studeerde en een maatschappelijk relevante positie innam. Hij verwierf aanzien, maar de prijs die hij daarvoor moest betalen, is de prijs van 'eenzaamheid', zo vertelde hij me bij een glaasje muntthee. Tot dusver had hij zelden in de familie een gesprek met een gelijkgestemde ziel. Daarom was hij zo geïnteresseerd in mijn situatie, vroeg me honderduit over mijn studies en carrière. Hij wilde weten wie ik ben. '*Takafa*, wat min of meer gecultiveerd betekend, dat is waarom ons gesprek zo gelijkgestemd is kunnen verlopen,' zo besloot grootoom Si Tahar. En wie ben ik om hem tegen te spreken?

Na het gesprek met mijn grootoom Si Tahar in Oujda, voel ik me als 'herboren'. Ik weet geen passender woord om mijn gevoel te definiëren. Ik was zeer onder de indruk van zijn verschijning: een waardig en wijs man, die de sporen van eenzaamheid met zich meedraagt. Een intellectueel die zoveel familiegeschiedenis vertegenwoordigt en dus ook de geschiedenis van Imrabten. Het is wonderbaar hoe herkenbaar alles is en hoe ik mezelf in hem herken. Ik heb het gevoel dat de schakel duidelijker wordt en dat ik mezelf in een juist perspectief kan plaatsen. Ik weet nu vanwaar ik kom en welke plaats ik in de ketting inneem. In mijn grootoom heb ik een *soulmate* gevonden.

De gastvrijheid en de dankbaarheid die ik van mijn familie mocht ervaren, verwonderde me enorm. Ik heb zelfs de indruk en het gevoel dat mijn familieleden op mijn komst zaten te wachten. Daardoor werden mijn vragen en mijn opzoekingwerk naar mijn verleden letterlijk vanzelfsprekend. Maar het verhaal is niet af. Graag zou ik de familiegeschiedenis verder reconstrueren, van Azouz tot Idriss. Van de 8ste tot de 15e eeuw blijft vooralsnog een blanco pagina. Nu zal ik dat blad niet kunnen volschrijven, daar heb je grondige voorbereiding voor nodig. Wie weet ooit...

'Wees welkom in België!' Je denkt eraan in België te komen werken? Misschien heb je de grote beslissing reeds genomen? Wij, Belgen, zijn gelukkig dat jij ons je krachten en verstand aanbiedt. Wij wensen dat dit nieuwe leven mag bijdragen tot jouw geluk. Om dit te bereiken stellen we je voor langs deze brochure kennis te maken met de levensomstandigheden en het werk in Bel-

gië. Zo zal je je beslissing tot de grote sprong kunnen nemen met kennis van zaken. Emigreren naar een ander land dat noodzakelijkerwijze verschillend is van het jouwe, stelt enige aanpassingsproblemen. Deze aanvangsmoeilijkheden zullen heel wat makkelijker te overwinnen zijn als je een normaal leven leidt, een echt familiaal leven.

België is een land waar de arbeid goed betaald wordt, waar veel comfort te vinden is. Vooral voor wie met zijn gezin leeft. (...) Er zijn reeds arbeiders afkomstig uit jouw land bij ons werkzaam. Kom hen vervoegen als je gelooft dat je je situatie kan verbeteren. Maar om meer op de hoogte te zijn, lees volgende bladzijden met aandacht. Wij herhalen in elk geval voor je: arbeiders uit het Middellandse Zee-gebied zijn WELKOM bij ons in België.

Enkele flarden uit een brochure die begin jaren zestig werd uitgedeeld – ook in Nador – door het Belgische Ministerie van Arbeid om Marokkaanse arbeidskrachten naar België te lokken. Wie dat wilde, kon onmiddellijk een arbeidscontract krijgen, vooral om in de steenkoolmijnen te gaan werken.

Mijn vader ging eerst in Algerije werken, hij heeft er een jaar in de bouw gewerkt. De avonturiers en lefgozers migreerden naar Europa. Hij was één van hen. Gewapend met een flinke portie doorzettingsvermogen en de wil om zijn toekomstige kinderen een betere toekomst te geven, is hij in 1963 naar Europa vertrokken. Zijn reis heeft hij gefinancierd door geld te lenen van nagenoeg alle inwoners van Imrabten. Zijn familie was nogal sceptisch omdat er te veel financiële risico's aan verbonden waren. Het verhaal deed de ronde dat een dorpsgenoot, die naar Europa was vertrokken, lelijk toegetakeld door een hond was teruggekeerd. Zijn migratie was mislukt en hij was bovendien al zijn geld kwijt. Mijn grootouders waren bang dat mijn vader hetzelfde lot zou ondergaan.

Hij vertrok alleen met de boot vanuit Melilla naar Malaga. Vandaar met de trein naar Irún, de grensovergang van Spanje met Frankrijk. Een spannend moment. Zal je worden toegelaten door Frankrijk? Je moest toen al voldoende bestaansmiddelen bewijzen en je moest een adres van vrienden of familie kunnen voorleggen. Hij mocht de grens over en reisde door naar Maubeuge in het noorden van Frankrijk. Daar is hij een dikke week gebleven. Hij kreeg werk aangeboden in de steenkoolmijnen, maar dat wilde hij niet, misschien wel omdat het teveel aan het werk van zijn vader deed denken. En dus besloot hij samen met een vriend door te reizen naar België, meer bepaald naar Mechelen. Hij had het adres op zak van zijn schoonbroer die daar ondertussen woonde en waar hij voor een paar dagen onderdak kreeg. Hij bood zich aan bij het Ministerie van Arbeid en kreeg verschillende adressen waar hij zich kon aanbieden voor een job. Hij bood zich aan bij het textielbedrijf Lepage in Battel en kon onmiddellijk beginnen. De eerste paar dagen kwam hij vaak te laat omdat hij de weg kwijt was en aan niemand de goede richting kon vragen. Uiteindelijk werkte hij er vijf jaar.

Abdelkader, mijn grootvader langs moederskant, was handelaar en bewerkte vruchtbare grond in Imrabten, waardoor hij zijn gezin kon onderhouden. Hij en zijn gezin behoorden dan ook tot degenen die het beter hadden. Begrijp: ze leden geen honger. Mijn grootvader Abdelkader had zijn aanzienlijk stuk grond zelf gekocht, benadrukt mijn moeder. Hij heeft niks geërfd. Hij was gehuwd met Memma en samen hadden ze tien kinderen. Mohammed, Tleitmes, Kadija, Fatima, Taher, Ahmed, Mimoun, Habiba, Yemina en Tahra, mijn moeder. Mohammed, de oudste, is in de voetsporen van zijn vader getreden. Ahmed is zijn heil gaan zoeken in Frankfurt. Mimoun is getrouwd tegen de wil van zijn vader met de vrouw van wie hij hield en hij werd verstoten. Mijn grootvader heeft tot aan zijn dood niet meer met hem gesproken. Taher is leraar geworden en is in de jaren zeventig naar Agadir vertrokken. De toekomst lachte hem toe. Tot zijn ouders een dagje ouder werden en er geen man in huis was om voor hen te zorgen. Daarom besliste mijn oom Taher met spijt in het hart naar Imrabten terug te keren en dorpsleraar te worden. Van het vrij mondaine Agadir naar het eerder bekrompen Imrabten. Iemand moest zich opofferen. Mijn tantes zijn allemaal gehuwd met respectabele mannen uit het dorp. Tante Yemina is vroeg gestorven in het kraambed en werd door haar zus Habiba opgevolgd.

Mijn moeder is in november 1969 in Mechelen aangekomen. Samen met mijn oudste zus Malika en mij met de trein van Spanje naar België. Mijn vader had verschillende keren een visum aangevraagd voor ze kwam. Gaf het feit dat ze te veel onderdrukt werd door haar schoonfamilie de doorslag? In ieder geval kwam mijn moeder niet van harte. Het onbekende maakte haar bang. De cultuurschok was dan ook immens voor haar. Losgescheurd uit de ene wereld en neergesmakt in een andere. In Marokko was ze het gewoon in een grote gezinsstructuur te leven met schoonouders en schoonbroers en hun respectieve echtgenotes. Als jongste schoondochter met een echtgenoot die in het buitenland vertoefde, viel ze onder het rechtstreekse gezag van mijn grootouders. Daarenboven had ze enkel dochters en nog geen zoon gebaard. Pas door de geboorte van een zoon kan een moeder eer en aanzien verwerven. Hiërarchisch stond ze dus helemaal onder aan de ladder. Haar taak was duidelijk: voor het huishouden zorgen. Naar buiten toe had ze geen enkele verantwoordelijkheid.

Uit die situatie werd ze in Mechelen op haar eigen gezinnetje teruggeworpen. Ze werd haar eigen baas, moest verantwoordelijkheid nemen. Het waren kleine dingen die ontzettend veel van haar vroegen. Bijvoorbeeld eten kopen op de markt, de administratie in orde brengen, de kinderen inschrijven op school, naar de mutualiteit gaan, de dokter bezoeken... Van het ene uiterste werd ze in het andere geslingerd. Maar ook meer banale huishoudelijke zaken werden plots een groot probleem. Hoe steek je in hemelsnaam een kolenkachel aan? Hoe bak je het dagelijks brood? Al haar zekerheden kwamen op losse schroeven te staan. Ze moest opnieuw beginnen. Ontwrichting, heimwee, gemis en pijn. En niemand met wie ze deze gevoelens kon delen. Bovendien spraken de Marokkaanse vrouwen die ze leerde kennen meestal Arabisch. Mijn moeder sprak Berbers, een taal die zelfs geen affiniteit heeft met het Arabisch. Nederlands sprak ze al helemaal niet. En hoe de samenleving hier in Vlaanderen in elkaar stak? Ze wist het niet en niemand die haar daarbij kon helpen. Een doolhof, zo voelde ze dat aan. Er was ook de eenzaamheid en de angst om te falen, om verkeerd te lopen of om dingen te doen die niet kunnen. Hoe loop je over straat als je dat nog nooit gedaan hebt? Wat een opgave om alles bij elkaar te houden: tradities, oude ideeën, evenwicht. Aanvankelijk probeerde mijn moeder haar vertrouwde Marokkaanse leven verder te zetten. Geen stoelen maar matjes waarop je in kleermakerszit aan een tafel met lage poten zit.

In het land dat je achter je laat mag het leven gewoon doorgaan, maar in de diaspora blijft het vaak op een eigenaardige manier stilstaan, alsof weggaan al genoeg onrust heeft veroorzaakt.

Hanif Kureishi

Maar al snel nam de behoefte om zich thuis te voelen in dit nieuwe land de overhand. Echt thuis zou ze zich echter nooit meer voelen. Ze leerde haar plan trekken. Met vallen en opstaan. Bijna niemand om raad aan te vragen. Trots die haar niet toeliet om te falen. In een paar maanden tijd leerde ze Arabisch. Ze nam contact op met Fernanda en Andrea, twee grijze zusters, die in de Nokerstraat een wijkcentrum hadden. Die hielpen de wijkbewoners met huisvesting en elke vrijdagnamiddag kon je naar de tweedehands kledingwinkel. Ze trokken zich het lot van de pas aangekomen immigranten aan. Zuster Andrea sprak Arabisch omdat ze een aantal jaren in Marokko of Algerije op missie was geweest. En zo komt het dat mijn ouders hun intrede deden in de katholieke zuil van de samenleving. En zo komt het dat wij, de kinderen, in een katholieke school werden ingeschreven. Mijn ouders sloten zich aan bij de christelijke mutualiteit en de vakbond. Voor mijn moeder zou een ruime vriendenkring als surrogaat dienen om het gemis aan haar familie in te vullen.

Van Mechelen naar Imrabten

Zelestraat nummer 97. Een straat in een volkswijk van Mechelen. Acht jaar heb ik daar gewoond, totdat in 1978 ons huis afbrandde. Een zeer kleine arbeiderswoning, met een voorplaats en een keuken die ook als eetplaats werd gebruikt. Er was een kleine koer en een WC met een houten plank. Boven twee slaapkamers. Geen badkamer. Het was een donker, vochtig huis met weinig licht. Niet verschillend van de huizen waarin de Vlaamse arbeiders destijds – of zelfs nu nog – woonden. Mijn zus Malika en ik zijn geboren in Imrabten, Marokko. Hakima, Benaissa, de tweeling Hamid en Halid, en Karima zijn geboren in de Zelestraat, Mechelen. Myriam, de benjamin, kwam er nadat ons huis was afgebrand, in 1983.

In dat gedeelte van de straat waren we de enige Marokkaanse familie. Onze linkerbuur was een alleenstaande bejaarde vrouw, Marieke. Ze kreeg zelden bezoek. Volgens mijn moeder had ze een zeer vreemde gewoonte. Elke morgen zette ze haar soeppannetje op de vensterbank met het gepaste geld. Soep koop je toch niet. Soep maak je zelf! Iets verder woonden in een soort beluik Jean en Hilda. Ze werden door de andere buren als marginaal beschouwd. Ze waren haast elke dag dronken.

Onze rechterburen waren Liza en Swa. Ze hadden twee kinderen, Eddy en Josee. Vaak hadden Liza en Swa ruzie en elke zaterdag bedronk hij zich in het volkscafé 'De vogelpik', dat iets verder in de straat lag en vandaag nog altijd bestaat. De liedjes 'Drink rode wijn' (Joe Harris) en 'Zeven anjers zeven rozen' (Willy Sommers) zullen voor mij altijd verbonden blijven met 'De vogelpik'. Swa kwam de zaterdagavond thuis, mocht niet meer binnen en begon op de deur te bonken en te huilen. Heel lang heb ik gedacht dat blanke mannen dronken mannen waren, dat het eigen was aan hun cultuur. Aan de overzijde van de straat, langs de linkerzijde, woonde Jan, de 'kolenmarchand', met zijn vrouw Irène. Ze hadden één dochter, Rosa, die getrouwd was met Jef en geen kinderen had. Daarnaast woonden Anita en Staf. Ook zij waren kinderloos. Staf maakte het mij telkens duidelijk als ze een nieuw elektrisch apparaat hadden gekocht. 'Zeg, hoe bakken jullie frieten? In de pan? Goh, wij hebben een elektrische frietpan.' 'Zeg hebben jullie nog altijd een zwart-wit televisie, wij hebben ondertussen een kleurentelevisie! Weet je hoe we aan deze kleurentelevisie zijn geraakt? Neen, wel door verschillende verfpotjes in de televisie te gieten. Hahaha.' Veel later heb ik begrepen dat hij dit neerkijken nodig had om zijn zelfbeeld op te krikken. De Belgische middenklasse kijkt neer op de arbeidersklasse en de arbeidersklasse kijkt neer op de vreemdeling. Identiteit gebaseerd op het misprijzen van de ander.

Rechts tegenover ons woonde Maria, een bejaarde vrouw, samen met Ward, Soer en Pandy de kat. Ze hadden geen familieband. Ze hadden ook geen relatie met elkaar, wel een gemeenschappelijke verleden: de Tweede Wereldoorlog. Dat was hun bindmiddel. Aangezien wij de enige kleine kinderen waren in de straat, werden wij min of meer door sommige buren geadopteerd. Zeker door Maria, die een groot verdriet met zich meedroeg. Haar enige dochter was getrouwd met een man die fout was geweest tijdens de Tweede Wereldoorlog. En dat kon zij, die zelf de gruwelen had meegemaakt en in het verzet had gezeten, niet verwerken. Haar schoonzoon heeft er nooit één voet binnen gezet, haar dochter kwam dan ook zelden langs. Aan de muur hing een foto van Dimitri, haar kleinzoon, die heel af en toe op bezoek kwam. Hoe de Vlaamse samenleving functioneert, heb ik voor een groot deel van deze mensen geleerd. Maria had ons in haar hart gesloten. In de zomer mochten we in haar tuin. Met Pasen mochten wij er paaseieren rapen. Met Kerstmis mochten we mee de kerstboom versieren.

En telkens was dat voor mij iets nieuws. Vaak hebben we er mee aan tafel geschoven. Ze las al onze administratieve papieren en legde die verstaanbaar uit. Mijn oudste zus mocht nu en dan mee op daguitstapjes door het Vlaamse land. Bij Rosa, de dochter van de 'kolenmarchand', heb ik regelmatig thee gedronken. Ik was gefascineerd door de theekopjes. Zoiets hadden wij thuis niet.

In de zomer zaten de meeste buren buiten op de stoep. Vaak hing ik aan hun lippen, ze vertelden oorlogsverhalen. Feiten die ze zelf hadden meegemaakt. Het verhaal van de buurman, wiens vingers scheef stonden, heeft mij enorm aangegrepen. Op een gegeven moment vroeg ik hem: 'waarom staan je vingers scheef?'

'Het gebeurde bij het smokkelen van eten tijdens de oorlog,' vertelde hij. In een bos werden ze betrapt door de Duitsers. Hij en zijn vrienden konden vluchten door zich in een gat in de grond te verstoppen en zich aan de rand ervan vast te houden. De Duitse soldaten waren tijdens hun zoektocht op een gegeven moment zeer nabij gekomen. Ze hebben met hun lederen wandelschoenen op zijn vingers gestaan. Daardoor werden ze verbrijzeld. Geen kik heeft hij gegeven. Zo heeft hij zijn eigen leven gered.

Mijn schoolvakanties bracht ik door in Imrabten, Marokko. Het waren zalige momenten. Mijn vader spaarde al zijn vakantiedagen op zodat wij minstens zes weken konden blijven. Van het krappe, klamme, vochtige arbeidershuisje naar de zon, naar de open natuur. Het huis van mijn grootouders, waar we logeerden, was opgetrokken uit leem en had een vierkante vorm met een grote binnenkoer. Elke kamer behoorde aan een volwassen familielid toe.

Tweemaal per dag gingen tante Fatima of tante Batoula water halen bij de bron beneden in de vallei, ongeveer één kilometer verder. Grote kruiken werden met water gevuld en met een ezel vervoerd. Met mijn broers en zussen stonden we te drummen om op de ezel te mogen water halen. Lukte het niet, dan liep ik zo snel mogelijk naar het huis van een van mijn ooms of tantes om daar te proberen op het paard water te gaan halen. Dat was veel indrukwekkender dan op een ezel. Water halen deed je met de ezel of te paard. Als je je dat kon veroorloven natuurlijk, anders moest je de kruik op je rug dragen, wat meestal door de vrouwen werd gedaan. Voor mij was het een leuke uitstap, voor mijn tantes en nichtjes was het een gruwel om door die hete zon water te gaan halen. Een nicht vertelde mij hoe ze als kind water ging halen met de kruik op de rug en eens wegzakte in de modder.

Bij zo'n waterbron was het altijd druk. De ontmoetingsplaats bij uitstek van de dorpsgenoten. Het is dan ook de plek waar alle nieuwtjes en roddels werden uitgewisseld. Kleren werden bij de bron gewassen en op de flank van de heuvel te drogen gespreid. Vaak heb ik er mijn lange haren gewassen en behandeld met 'ghassoul', een soort kleimasker dat ter plaatse werd opgegraven.

Mannen kwamen er hun moestuinen bewerken. Er was een heel irrigatiesysteem uitgewerkt en er waren afspraken met de dorpsbewoners over wie er wanneer over water kon beschikken. Ook mijn grootvader had er een stuk grond. Als kind ging ik vaak met hem mee wanneer hij zijn grond ging bewerken of groenten en fruit ging oogsten. Nooit heb ik mijn grootvader zo horen roepen en tieren als toen Si Kaddour, tegen alle afspraken in, de waterbevoorrading had afgeleid naar zijn eigen grond, wat fataal was voor de moestuin van mijn grootvader.

Maar de bron was ook de favoriete ontmoetingsplaats van de meisjes en de jongens. De jongens zetten zich meestal op de heuvel, van waaruit ze de meisjes plaagden. Vele koppels die later trouwden, zijn daar bij de waterbron gevormd.

Heel af en toe mocht ik alleen water halen en soms liet de ezel mij in de steek. Ik herinner me dat ik een witte linnen broek droeg toen de ezel besliste in elkaar te zakken bij het meest modderige gedeelte bij de bron. Een oudere man in djellaba sprak me vermanend aan 'wij dragen *hier* geen witte linnen broeken om water te halen!' 'Hier', dat betekende dat ik van *ginder* was en niet van Imrabten. Mijn eerste confrontatie met het anders zijn en nergens thuis voelen begon aan die bron.

Grootmoeder Memma en grootvader Abdelkader, de ouders van mijn moeder, woonden op een erf dat 'Tzi heddoum' heet, aan de rand van Imrabten. Voor mij was dat het aards paradijs. Een groot huis omringd door een immense boomgaard. Bijenkorven, olijfbomen, vijgenbomen, granaatappelbomen, amandelbomen en cactusvruchten. Dit is maar een greep van wat er te vinden was. Het krioelde er van neven en nichten. Mijn neef Khalid maakte er een sport van om in de kleine modderachtige sloot waterschildpadden te vangen en die op een onverwacht moment in mijn nek te duwen, waarbij ik krijsend wegliep. Mijn grootmoeder zorgde ervoor dat wij van al het lekkers dat de boomgaard opbracht ons deel kregen. Altijd had ze aparte zakjes voor de afwezige kinderen. Ook voor haar dochter Tahra, mijn moeder. Haar deel werd opzij gezet tot ze met vakantie kwam. Of het werd meegegeven met iemand uit de streek die toevallig met vakantie was en naar België terugkeerde, met de boodschap het zakje met lekkers aan haar dochter te bezorgen.

Mijn grootvader Abdelkader was een grote struise man met een indrukwekkende lichaamsbouw en een ongelofelijk zware en hese stem. Hij zat meestal voor het huis op een bankje. En ik was bang van hem, probeerde hem te ontwijken. Terwijl hij zelf steeds toenadering zocht. Soms vroeg hij mijn neefjes Moestafa of Khalid mij bij hem te brengen. Ik spartelde altijd tegen. Wie was die man waar iedereen zo'n respect voor had? Ik heb hem nooit echt gekend. Daarvoor is hij te vroeg gestorven.

Ons vakantiekamp werd opgeslagen bij mijn grootvader Mohammed langs vaders kant. Vandaar uit gingen we dan andere familieleden bezoeken. Wanneer we mijn grootouders langs moederskant bezochten, bleven we meestal een paar dagen slapen op het erf 'Tzi heddoum', een fantastische ervaring. Het leven begon al zeer vroeg. Rond 6 uur in de morgen waren de vrouwen al in de weer om de binnenkoer te vegen, brood te bakken, het ontbijt voor te bereiden... Water moesten zij niet bij de bron halen, ze hadden een waterput. Ik mocht uitslapen. Het ontbijt werd geserveerd in de inkomhal die zeer lang en breed was. Vier, vijf tafels werden tegen elkaar geschoven. Mijn grootvader Abdelkader was de pater familias, alles aan hem straalde gezag uit. Hij zat aan het hoofd van de tafel, naast hem zijn zoons en schoonzoons. Vervolgens zijn echtgenote, dochters en schoondochters en dan pas de kinderen. Meestal tussen de 20 à 30 personen. Er werd gelachen, geplaagd, verteld en tegelijk werden de kinderen nauwlettend door de vrouwen in het oog gehouden. Vrouwen moesten uitkijken dat hun kinderen niets verkeerds zegden. Een verkeerd woord zou hen in verlegenheid kunnen brengen. Meermaals is het gebeurd dat er plots een stilte viel nadat een van de neven of nichten iets verkeerds uitkraamde. Wat je wel of niet mocht zeggen, stond nergens geschreven. Je moest het gewoon aanvoelen. Het ging meestal om seksueel geladen woorden. Zo vroeg mijn nicht Hayet me eens aan het ontbijt: 'Hoe heet brood in jouw taal?' 'Brood,' antwoordde ik haar. 'Brrrrota!' herhaalde ze met luide stem. Toen viel er een ijzige stilte. 'Brrrrota' betekent in het berbers 'kaka' en dat was één van de verboden woorden... Op de ontbijttafel kwamen olijfolie, honing, scharreleieren, vers gebakken brood, *chfeng* (een soort donut) en *remsemen*, (flinterdunne laagjes deeg die in boter of olie werden gebakken). Er was ook vers fruit uit de boomgaard, tazemit en natuurlijk muntthee en koffie geparfumeerd met kaneel.

's Avonds, na het eten, ging iedereen op de binnenkoer zitten, waar het heerlijk koel was. De mannen aan één kant en de vrouwen aan de andere kant. De ouderen vertelden verhalen aan de jongeren en zo gebeurde de mondelinge overlevering. De heroïsche verhalen van de voorvaderen werden verteld, waardoor de jongeren hun geschiedenis meekregen. Van waar ze kwamen. Zo beseften ze welke schakel ze in de ketting waren. Vandaag kijkt iedereen televisie en wordt er niks meer doorgegeven.

Bij het slapengaan smeekten de meisjes groottante Auicha, die nooit getrouwd was geweest omdat ze te kieskeurig was en er geen enkele huwelijkskandidaat kon voldoen aan haar verwachtingen, sprookjes te vertellen. Groottante Auicha begon na enig 'gespeeld' tegenstribbelen in het donker te vertellen. Haar favoriete sprookje was 'magigtha'. Toen ik het de eerste keer hoorde riep ik verbaasd: 'Dit sprookje ken ik. Ik heb dat gelezen in mijn sprookjesboek, het is "Assepoester".' Lang heb ik niet begrepen hoe mijn groottante aan Assepoester kwam. Ze kon lezen noch schrijven en was zeker nooit in aanraking gekomen met het sprookjesboek van de gebroeders Grimm! Twee werelden zo veraf van elkaar en toch dichtbij in hun sprookjes.

Vandaag is 'Tzi Haddoum', maar ook Imrabten, dood en verlaten. De joelende kinderen hebben het dorp verlaten op zoek naar een betere toekomst. Iedereen die kon vertrekken is naar Europa gegaan. Mijn neven en nichten zijn in Frankfurt, Amsterdam, Dusseldorf, Kopenhagen, Barcelona en Brussel terechtgekomen. De enige overgebleven zijn de ouderen en oude vrijsters. De ouderen die hun ouders hebben verzorgd, zullen, wanneer zij op hun beurt hulpbehoevend zijn geworden, niemand hebben die voor hen zal zorgen. Dat heet vooruitgang.

Zelf de wet stellen

Mijn vader kamt mijn lange haar, dat tot op mijn heupen valt en vol knopen zit. Hij probeert de knopen te ontwarren. Terwijl hij dat doet, blaast hij zachtjes om de pijn te verzachten. Mama is er niet. Ze is in de kraamkliniek bevallen van de tweeling Hamid en Halid. Bij haar thuiskomst worden mijn oudere zus en ik ingeschakeld in het huishouden. We worden voortaan mee verantwoordelijk voor de jongere broers en zus.

Elke zondagavond is het wasavond. De grote knaloranje plastieken wasteil wordt bovengehaald. Grote soeppannen worden gevuld met water en opgewarmd op het fornuis. Eerste de kleintjes, die daarna in bed worden gestopt, en dan de groten. Mijn moeder schrobde altijd iedereen schoon. Groot en klein, het maakte niks uit, we moesten proper zijn om de maandag terug naar school te gaan.

Aan de Sint-Jozefschool heb ik de kleuter- en lagere school doorlopen, amper een kwartier te voet van ons huis. Zuster Bonita (Bonitos, als ze ons niet hoorde) zwaaide de scepter en gaf tegelijk les in het eerste en tweede studiejaar. Mijn eerste taal was het Berbers en mijn tweede het Mechels straatdialect. In het vak rekenen was ik goed, maar taal was een probleem. En toch hield ik van talen. Samen met een aantal kinderen moest ik inhaallessen Nederlands volgen. Zuster Louise, een vrijwilligster, kwam één keer per week speciaal naar onze school om taallessen te geven. Daardoor ging mijn taalvaardigheid met rasse schreden vooruit. Mijn bijna perfecte Nederlandse uitspraak heb ik aan haar te danken. De truc met de zilveren en gouden suikerbonen bleek zeer effectief voor mij. Nooit eerder had ik zilveren en gouden snoepjes gezien. Ik was bijzonder gefascineerd. Telkens als ik een juiste oefening of uitspraak deed, kreeg ik een boon, wat me bijzonder motiveerde om het juiste antwoord te geven. Door Zuster Louise ben ik ook beginnen lezen. *Tinny* was een van de eerste boekjes die ik las. Daarna volgden *Jip en Janneke* van Annie M.G Schmidt, een boek dat ik nooit meer heb losgelaten. Ook *De rode ridder* en *Claudia*, kortom alles wat er in de schoolbibliotheek te vinden was, heb ik verslonden.

Bij ons thuis hadden we feestdagen die niet overeenstemden met de feestdagen van mijn vriendinnetjes op school. *Achoura*, het suikerfeest; Moulied, het grote offerfeest... Maar toch was Sinterklaas mij ook niet vreemd. Op het werk van mijn vader werd jaarlijks een groot Sinterklaasfeest georganiseerd, in de een of andere feestzaal. Nu en dan zijn we niet in de feestzaal geraakt, gewoon omdat we de weg niet vonden. Door die feesten kon ik met mijn schoolkameraadjes meepraten over cadeautjes die ik van de Sint kreeg. Op een van de Sinterklaasfeesten kreeg ik een barbiepop. Ik had de mooiste kleedjes voor mijn barbie. Mijn moeder had ondertussen een tweedehandse, zwarte Singer naaimachine gekocht, waarmee ze onder andere mooie kaftans voor mijn poppen maakte.

Normaal droegen wij afdragertjes, tweedehands kledij en af en toe iets uit de C&A. Op een morgen riep de juf mij naar voor in de klas. Ik moest een oefening aan het bord maken. 'Wat heb jij nu aan?', vroeg ze wanneer ik klaar was. Een aantal leerlingen begon te lachen. Ik droeg een rode nylon trui met rolkraag en daarboven een witgeel gestreept hemd. 'Doe dat hemd eens uit. Zo, dat is al veel beter. Ga nu maar terug naar je plaats.'

Nooit heb ik me meer vernederd gevoeld als toen ik naar mijn plaats terugkeerde. 'Mijn plaats', ook in de figuurlijke betekenis van het woord. De plaats die mij voorgeschreven was, en die ik meer en meer verfoeide. 'Slordig, niet zorgvuldig, weinig voorbereiding,' zo luidde vaak het commentaar op mijn huiswerk. Maar wat er stond, was meestal wel juist. Het gebeurde dat ik met tranen in mijn ogen moest gaan uitleggen aan de juf dat één van mijn broertjes in mijn schoolschrift had gekrabbeld. Thuis waren er te veel kleine mensen in een veel te kleine ruimte. Roepende, joelende kinderen die van de ene kamer naar de andere liepen. In de zomer konden de kinderen buiten spelen. In de winter zaten we op elkaar gepakt. Op een dag vond de juf dat ik het te gortig had gemaakt.

'Zo'n slordig huiswerk!' Ze pakte haar rode bic en krabbelde heel mijn blad vol. Twee uur later kregen we onaangekondigd schoolinspectie. De inspecteur nam mijn schrift en begon er in te bladeren. 'Wie heeft dit gedaan?', vroeg hij bij de pagina met het rode gekrabbel. 'Ik,' antwoordde de juf terwijl ze een rode kop kreeg en probeerde uit te leggen wat er gebeurd was. Ik denk dat de inspecteur dat niet erg pedagogisch vond en ze kreeg een uitbrander.

Thuis had ik geen eigen plek om mijn huiswerk te maken – niemand trouwens. Het is toen dat ik de gewoonte heb ontwikkeld, een gewoonte die ik nooit meer zou loslaten, om in bed te werken. De enige plek die alleen van mij was. Nu nog, als ik supergeconcentreerd wil werken, is mijn bed mijn toevluchtsoord. Later kwam er in de wijk naschoolse werking, waar je je huiswerk kon maken onder begeleiding van vrijwilligers. Daar ontmoette ik Ruddy Possemiers van het Jeugdhuis Rzoezie voor de eerste keer.

Mijn ouders, die allebei geen school hadden gelopen, konden niet vatten wat naar school gaan betekende. Ze wisten niet welke impact dit zou hebben op de toekomst van hun kinderen.

Ze hadden geen enkel referentiepunt. Er was ook niemand die hen uitlegde hoe het Belgische schoolsysteem in elkaar zat. Als je bezig bent met overleven, heb je andere zorgen aan je hoofd. Later hebben ze wel beseft hoe belangrijk studies zijn. Dat is het grote verschil tussen mij en mijn jongste zus Myriam. Voor mij was studeren iets dat ik heb afgedwongen, zonder enige steun of bemoeienis van mijn ouders. Mijn zus moet studeren en een diploma halen van mijn ouders en haar studieresultaten worden heel erg in het oog gehouden. Er is een stille revolutie gebeurd in die veertig jaar migratie. Onze ouders, die het vuilste werk hebben gedaan om hun kinderen te laten studeren, hebben geruisloos in één generatie die verandering bewerkstelligd. Onlangs, op het trouwfeest van mijn broer, zat ik tussen neven en nichten. Dokters, maatschappelijk werkers, onderwijzers, bankbedienden, advocaten. Indrukwekkend is het parcours van die mensen. Daarover spreekt niemand.

Ondertussen was mijn vader in 1970 van werk veranderd. Hij ging werken voor het metaalbedrijf 'Metallurgie', dat aan de Mechelse vaart is gelegen en in de volksmond 'het bommenkot' wordt genoemd. In het bommenkot verdiende hij meer. Toen het bedrijf in faling ging, kon mijn vader met brugpensioen gaan. Mijn vader is trots dat hij nooit werkloos is geweest. Nooit is hij afhankelijk geweest van de Belgische staat. Dat is ook voor hem een erezaak geweest. Na zijn pensioen is hij zich actief gaan inzetten voor de Mechelse moskee. Hij werd lid van de raad van beheer en kwam op die manier meer in contact met de samenleving. Hij leerde omgaan met ongewone reacties. Bijvoorbeeld: hoe reageer je als onbekenden een varkenskop voor de moskeedeur plaatsen? Hoe zorg je ervoor dat moskeegangers niet te veel overlast bezorgen aan de omwonenden? Daardoor is hij veel meer geïnteresseerd geraakt in de samenleving. Hij volgt de actualiteit zo goed en zo kwaad mogelijk. Hij luistert veel naar de radio, een oude transistorradio, die hij gebruikt om naar Marokkaanse melancholische liederen te luisteren, maar ook naar een Nederlandse zender die elke dag om 19uur een vol uur Nederlandse actualiteit in het Arabisch geeft. Af en toe hebben we naar aanleiding van een uitzending een discussie.

27 Januari 1978. Ons huis brandde helemaal af. Het was rond 19 uur en samen met mijn broertjes en zusjes keek ik naar de *Fabeltjeskrant* op de televisie in de achterkamer annex keuken. Plots merkten we rook die uit de kleine gang van de voorkamer kwam. Gealarmeerd ging mijn moeder kijken. Ze merkte de grote vlammen die al tot de kleine gang reikten. Onmiddellijk besefte ze dat het heel ernstig was en dat we niet meer langs de voordeur naar buiten konden. In paniek vulde ze potten en pannen met water en stelde gedecideerd de kinderen op een lijn om het water door te geven. Ook ik stond in de rij. Maar helaas, het hielp niet, integendeel. De vlammen werden groter, overweldigender, en begonnen meer en meer de achterkamer binnen te dringen. Er ontstond een enorme rookontwikkeling. In een overlevingsreflex gooide ik mijn pot met water op de grond en liep in een flits door de kleine gang tussen de vlammen door naar de straat. Ik weet nog altijd niet hoe ik dat gedaan heb. Mijn jongere zus zag mij weglopen en volgt me. Maar ze struikelde en bleef in de brand steken. Mijn moeder had de situatie meteen opgemerkt en in een fractie van seconde dompelde ze haar djellaba in water, trok die over haar en liep mijn zusje achterna. Terwijl ze haar probeerde te redden, kwam de lambrisering naar beneden en viel op het hoofd van mijn moeder. Ze wankelde, riskeerde door de rookontwikkeling en hitte het

bewustzijn te verliezen, maar dat kon ze zich niet permitteren. Als een leeuwin vocht ze voor haar kind. Ze wilde mijn zusje niet in de vlammen verliezen en dat lukte haar. De vlammen hadden ondertussen de achterkamer bereikt. Heel de familie zat als ratten in de val.

Eindelijk had ik de straat bereikt en zag overal mensen wenen, jammeren. Maria, Ward, Rosa, Abdeslam, Aicha... Brandweer en politie waren ondertussen aangekomen. Ik was helemaal in shock toen de politie me vragen stelde. Hoeveel mensen zitten daarbinnen? Waar is je vader? Hoe het komt dat jij niet binnen bent?

Ondertussen was het huis bijna helemaal afgebrand en er was geen spoor van mijn familie. Men vreesde het ergste, men vreesde voor hun leven.

De politie was mijn vader, die avondshift had, op zijn werk gaan halen. Bij Maria was ondertussen een crisiscentrum ingericht. Mijn vader besefte meteen dat de kans klein was dat hij zijn vrouw en kinderen levend zou terugzien. Dikke tranen rolden over zijn gezicht. Het is de enige keer dat ik mijn vader zo intens heb zien huilen. Maria weende ook.

De politie stelde een lijst op met de namen van mijn broers, zussen en moeder. Het leek echt alsof er geen levenden meer zouden gevonden worden, alsof ze al opgegeven waren. Ik was als verdoofd, gaf de namen en toonde geen enkele emotie. Misschien wou ik me ook wel sterk houden voor mijn vader. De brandweer was nog aan het nablussen toen men een paar huizen verder achter een poort gebonk en geschreeuw hoorde. De poort was nooit gebruikt en daarom had de brandweer een koevoet nodig om die te openen.

En daar... daar kwam mijn familie te voorschijn. Alsof er

een wonder was gebeurd. Mijn moeder had de koelbloedigheid en misschien dat ultieme moederlijke beschermingsgevoel om de wasmachine en een aantal kratten tegen de muur te plaatsen, toen de vlammen ook de koer hadden bereikt. Zo heeft ze mijn oudste zus over de hoge muur geholpen waardoor ze op een plat dak terechtkwam. Daarna heeft moeder mijn broers en zussen op het dak geholpen. Als allerlaatste ontsnapte ze zelf, op het nippertje. Vandaar liepen ze over een aantal platte daken verder tot ze beneden een open, lege ruimte zagen. Weer werd mijn oudste zus als eerste naar beneden gestuurd, waarna de rest volgde. Gered! Uit volle macht bonkten ze op die poort tot men hen uiteindelijk hoorde.

Ondertussen was de straat helemaal met mensen volgelopen. Toen mijn moeder ondersteund door de brandweer als eerste uit de poort kwam, zag ze dat er ook veel Marokkaanse mannen stonden en realiseerde ze zich dat haar hoofd onbedekt was. Even hield ze halt en trok de achterkant van haar djellaba over haar hoofd. Haar waardigheid wilde ze ook tijdens zo'n momenten niet verliezen. Mijn zus, die me had willen volgen, was lelijk verbrand. Ze werd in cellofaanpapier gewikkeld en met de ziekenwagen afgevoerd. Haar brandwonden waren ernstig en toch huilde ze niet, alsof ze wou zeggen: 'het is allemaal niet zo erg, jullie moeten je geen zorgen maken.'

Samen met mijn moeder werd de rest van de familie onmiddellijk bij buurvrouw Maria ondergebracht. Niemand werd tot het huis toegelaten. Aicha, een goede vriendin van mijn moeder, trotseerde de menigte en wilde ook naar binnen. Meteen begon ze met veel omhaal een scène te maken. 'Ik wil bij mijn zuster zijn,' riep ze. Uiteindelijk werd ze toegelaten. Mijn moeder stortte in, ze had te veel rook in haar longen gekregen en de dood te diep in de ogen gekeken. Een ziekenwagen bracht haar naar het ziekenhuis en ook mijn broers en zussen werden voor controle opgenomen.

Mijn vader en ik bleven alleen achter en gingen na alle formaliteiten naar mijn tante. Hoewel buurvrouw Maria aandrong om bij haar te blijven, verkoos mijn vader naar zijn zus te gaan. Hij wilde familie om zich heen. Een paar dagen later werden mijn moeder, broers en zussen uit het ziekenhuis ontslagen. Mijn zus, die ernstige brandwonden had, werd naar het academisch ziekenhuis in Leuven overgebracht. Mijn jongste zus, die een baby van een paar maanden oud was en aan haar armen gekwetst was, moest ook in het ziekenhuis blijven.

Alles waren we kwijt. Alles. Er kwam een enorme solidariteitsactie op gang. De school, het werk van mijn vader, de buurt, de moskee. Allemaal probeerden ze ons te helpen. Kledij, speelgoed, huisgerei werden ingezameld. Mensen die we van haar noch pluim kenden, kwamen naar ons toe. Marokkanen én Belgen. Een man bracht een doos chocolade, een vrouw een kaftan, ceintuur en bijpassende schoenen. Tragedie brengt mensen bij elkaar, luxe doet het omgekeerde.

Uiteindelijk bleven we een paar weken bij mijn tante, tot we van het gemeentebestuur een huis toegewezen kregen in de wijk waar we woonden. Het huis had verschillende jaren leeggestaan en was allesbehalve in orde. Toch waren we blij. Allemaal snakten we naar een eigen plek waar niemand ons op de vingers keek. In onze nieuwe thuis was er geen warm water en geen badkamer. De schouw functioneerde ook niet naar behoren, waardoor we verschillende keren zijn uitgerookt. O ironie!

Misschien heeft deze gebeurtenis er wel toe geleid dat we

elkaar nooit meer zijn kwijt geraakt. Er mag al veel gebeuren, maar mijn familie zal elkaar niet meer loslaten. We beseffen allemaal dat het anders had kunnen aflopen.

'In de naam van God, de erbarmer, de barmhartige, lof zij God, de heer van de wereldbewoners, de heerser op de oordeelsdag. U dienen wij en u vragen wij om hulp. Leid ons op de juiste weg, de weg van aan wie u genade geschonken hebt, op wie geen toorn rust en die niet dwalen.' Soerat al-Fatiha, het eerste vers uit de koran dat ik kende. Elke zaterdag en zondag ging ik tussen 10 en 12 uur naar de koranles in de moskee. Het grootste gedeelte van de koran heb ik van buiten geleerd. Imam Abdelwaheb hechtte nogal veel belang aan het uit het hoofd reciteren. Of je het nu begreep of niet, dat had weinig belang. Bij het begin van de les duidde hij iemand aan die een vers moest opzeggen. Als je pech had, kreeg je de moeilijke verzen en maakte je fouten. Waardoor je een mep van zijn zweepje kreeg. Samen met mijn vader oefende ik de verzen.

Op school kreeg ik ook godsdienstles en op de katholieke hoogdagen gingen we met de klas naar de kerk. Klasgenootjes Najat en Nadine waren onafscheidelijke schoolvriendinnen. Ze liepen altijd samen, behalve als ze naar de kerk gingen, dan liepen ze gescheiden. De ouders van Nadine vonden dat het niet kon om met een moslima de kerk binnen te wandelen. God zou wel eens boos kunnen worden. Ook sommige moslimmeisjes mochten van hun ouders niet mee. Andere ouders waren pragmatischer, waaronder de mijne. 'Je mag wel mee uit respect voor de andere godsdienst, maar je doet niet mee,' was hun commentaar...

Woensdag- en donderdagavond van vier tot zes was het Arabische les. Meester Alhatifi gaf deze lessen: grammatica, dictee, geschiedenis. Hij was een leraar uit Marokko en via het Marokkaanse consulaat gedetacheerd om in België les te geven. Een zeer gecultiveerd man, die in Marokko uit een welgestelde familie kwam. Vaak zag ik verbijstering en soms ook minachting op zijn gezicht. Deze bourgeois gecultiveerde leraar had een dertigtal leerlingen voor zich uit de arbeidersklasse, van wie de meeste ouders analfabeet waren en niet wisten wat studeren inhield, maar het wel belangrijk vonden dat hun kinderen ingewijd werden in de Arabische taal. Vaak werden de ouders op het matje geroepen. Ik mocht niet klagen. Ik was een van zijn beste leerlingen en had ook wel het gevoel dat hij mij wat voortrok.

Ondertussen had mijn vader zich een auto aangeschaft: een bordeaux Peugot-break. Nu konden we met de auto op vakantie naar Marokko. Maanden van voorbereiding. Koffers vol met cadeaus, ondermeer stoffen, zoals satijn, gebloemd katoen en geborduurde stoffen, voor de vrouwen. Een groot deel van het vakantiebudget ging daar naartoe. Een hels avontuur dat minimum 3 dagen duurde. Als de auto het begaf door oververhitting of als je een verkeerde afrit nam, duurde het zelfs langer. In Spanje waren de wegen slecht en niet te vergelijken met de huidige autowegen. Ik was copiloot en hield de kaart vast. Eigenlijk was het niet meer dan een lijstje met namen van steden. Ik heb er mijn afkeer voor kaartlezen aan overgehouden. Brussel, Rijsel, Parijs, Bordeaux, Bayonne, San Sebastián, Burgos, Madrid, Cordoba, Sevilla en Malaga. En dan *le moment suprème* van de tocht: de boot op. Een grote witte boot, waarvan ik toen dacht dat het de boot van Sinterklaas was. We moesten de Middellandse Zee over, waar we met een beetje geluk dollende dolfijnen of andere vissen konden zien. Op het einde van de boottocht mochten we onze nieuwe kleren aantrekken. Om zo, acht uur later, op ons paasbest in Melilla te arriveren. Twaalf kilometer verder lonkte Imrabten, waar de familie vol verwachting uitkeek naar onze komst en vooral ook naar de geschenken die we hadden meegebracht. Maar eerst waren we in de verzengende hitte aan de douane aangeschoven. Zoiets kon uren duren en was er meestal teveel aan. Vakantie na vakantie werd er door de Marokkaanse familie meer en meer de nadruk op geschenken gelegd en werden er steeds hogere dwingende verwachtingen (eisen!) gesteld. Het gebeurde zelfs dat mijn familie in Marokko haar teleurstelling duidelijk liet merken. Sommige leden van de familie dachten dat België een luilekkerland was en hadden geen flauw idee van de kou, de regen, de discriminatie, de vernederingen en het heimwee. Ik zag sommige familieleden dan ook als geldverslindende monsters.

Zomer in Marokko betekende ook feesten. Het oogstfeest, waarbij alle mannen van het dorp samenkwamen om het hooi bij elkaar te zetten. Elke avond vond dat bij een andere dorpsbewoner plaats. Als dank voor de hulp werd er dan een feestmaal geserveerd. Hoe rijker de oogst, hoe groter het feestmaal. Maar er waren ook trouwfeesten, die in openlucht werden gehouden. Het was opvallend dat mijn vader in Marokko een totaal andere man was. Hij haalde grappen uit, plaagde zijn familie en danste graag. De mannen in een rij en vrouwen aan de andere kant, dansten naar elkaar toe. Muziek maakten ze zelf op *bendirs*. Ze zongen *Izrijn*, korte teksten waarin bijvoorbeeld de blijdschap van de moeder om het nakende huwelijk van haar dochter wordt bezongen en waarbij de mannen als antwoord de kwaliteiten van de bruid bezingen. Waarna de vrouwen in koor *youyous* uitbrachten. Mijn vader en moeder heb ik vaak zo zien dansen. Het beeld van mijn ouders dat ik heb uit deze periode, is zeer tweeslachtig. In Marokko werd er veel gelachen, gedanst en geplaagd. In België was het heel ernstig. In Marokko was het leven, in België was het overleven.

Mijn oudste zus zat ondertussen hier in de beroepsschool afdeling snit en naad. Vaak kwam ze thuis met nieuwe gerechten. Sommige werden door mijn moeder aanvaard, zoals zelfgemaakte kroketten. Maar meestal stelde ze haar veto. Dit komt mijn keuken niet in! Champignons, bechamelsaus, stoofschotels, vreemde exotische gerechten mochten haar keuken niet binnen. Daar was ze nogal categoriek in.

Onlangs – twintig jaar later – kwam ik bij mijn moeder en zag haar aan de keukentafel bloemkool met witte saus eten. Haar schoondochter die ook uit Marokko kwam, had haar dat leren klaarmaken. Meer en meer werd ik naar de buitenwereld toe de gids voor mijn ouders. Ik hield me veel met hen bezig. Ik ging mee naar de dokter, naar de bank, overal waar er contacten nodig waren, ging ik als tolk mee. De hiërarchie op zijn kop. Mijn ouders begrepen te weinig Nederlands. Ik vond het geen aangename positie: mijn ouders waren van hun dochter afhankelijk om te communiceren met de buitenwereld.

Op school was ik aan het zesde leerjaar toe en we moesten een proef afleggen om te testen of we al dan niet klaar waren voor het middelbaar onderwijs en zo ja welke richting we dan het best zouden kiezen: ASO, technisch of beroeps. Wanneer ik gevraagd werd wat ik later wilde worden, antwoordde ik steevast: advocate. Sommige staarden mij vol ongeloof aan en ik zag hen denken: 'foei, pretentieus wicht, wie denk je wel dat je bent'. Je hoorde je niet boven je stand te verheffen, je mocht geen al te wilde dromen koesteren.

Tijdens het gesprek met de adviseur van het PMS bleek die meer geïnteresseerd in de toestand van Marokko. Hij vond dat ik te hoog greep. Mijn ouders hadden geen mening, ze waren er niet voor, maar ook niet tegen. Eigenlijk wisten ze het gewoon niet. Mijn moeder had zelf nooit school gelopen. Ze kon en kan nog steeds niet lezen of schrijven. Dat hoorde zo voor een meisje. Mijn vader had ook nooit school gelopen, armoede belette dat. Al was hij graag naar school gegaan, dat maak ik uit verschillende zaken op. Soms zie ik hem de letters van het alfabet oefenen of overloopt hij samen met mij koranverzen. Niemand in mijn toenmalige omgeving heeft universitaire studies gedaan.

Aan de Sint-Jozefschool was een beroepsschool verbonden. Daarom besloot ik met de directrice te gaan praten. 'Yamila, waarom wil jij ASO gaan doen? Op je achttiende ga je toch getrouwd zijn. Is het niet beter om je daarop voor te bereiden?' Ken je plaats, dat was de boodschap.

De vanzelfsprekendheid waarmee ze dit veronderstelden, heeft waarschijnlijk de doorslag gegeven. Ik heb me laten overhalen en me ingeschreven in de beroepsschool 'snit en naad'. Een jaar lang heb ik mezelf gekweld met het leren van zaken die wel nuttig waren, maar mij geen bal interesseerden. Hoe je soep moest maken zonder dat die zingt? Soep zingt wanneer je de groenten niet grondig spoelt. Ik was verschrikkelijk onhandig in het naaien. Ik kon dat gewoon niet. Maar ik had een truc gevonden. De leerkracht deed in het begin altijd voor hoe je het moest doen en ik gaf haar altijd mijn lapje stof. Op het einde kreeg ik felicitaties van de directrice omdat mijn schortje een van de beste was. Voor de andere vakken moest ik weinig of niet studeren. Als eindresultaat had ik meer dan 90%.

Ik zag ook hoe paternalistisch men omging met de leerlingen. Paul van Ostayen en andere literatuur hebben mij er dat jaar doorgehaald. Door te lezen relativeer je de tijd, je schakelt jezelf in in een beschavingsgeschiedenis, je gedachten verdwalen met elk boek naar een andere periode. Het is een vorm van in de tijd reizen, het helpt om het tegenwoordige in een juist perspectief te plaatsen, het minder belangrijk te maken dan men steeds laat doorschijnen. Lezen duwt de tijd door elkaar, naar achteren en naar voren. Door terug te blikken naar wat voorbij is, neem je meer afstand. Het geeft de aanzet om verder vooruit te durven denken dan de volgende dag, het volgend jaar. Literatuur onthecht je van de tijd, helpt je relativeren, je tijdshorizon verder te openen. Het onthecht je van je materiele en fysieke beslommeringen. Je denkt ruimtelijker. En je ontmoet mensen en hun denken, die je anders nooit ontmoet zou hebben.

> *Van het lezen verwachtte ik dat ik mijn kennis en wat ik zag als mijn 'oriëntatie' zou kunnen uitbreiden. Voor mij betekende het dat ik nieuwe ideeën zou hebben, die als gereedschappen of instructies zouden werken en mij minder hulpeloos zouden maken in de wereld, minder berooid, minder kind. Als je de dingen vooraf weet, dan zijn ze niet zo angstaanjagend en ben je beter voorbereid, alsof je plots een kaart van de toekomst hebt gekregen. 'Opvoeding' betekende voor mij altijd lezen, opdoen van informatie. Ik zag dat nooit in termen van ervaring, bijvoorbeeld, of van gevoelens of van vreugde of van een gesprek.*
> Hanif Kureishi

Eén vraag bleef als een soort mantra door mijn hoofd dreunen. Wil je worden zoals je moeder en trouwen op je achttiende? Op een gegeven moment was het antwoord zeer helder: NEEN. En daarmee besliste ik dat de wereld van mijn moeder nooit de mijne zou worden. Het lot dat haar beschoren was, zou ik mezelf niet aandoen. Mijn moeders persoonlijkheid werd binnen een raamwerk van verplichte keuzes gevormd. Om een gehoorzame dochter en vervolgens een trouwe echtgenote te zijn. De spil waar haar leven om draaide, het moment dat haar leven een wending gaf, was het huwelijk.

Daarom wilde ik me niet onderwerpen aan de wetten van de vanzelfsprekendheid. Ik wilde mijn eigen keuzes maken en weigerde dit voorgeschreven lot te ondergaan. Ik wilde zèlf spreken, niet 'vanzelf'. En zo vormde ik de uitzondering op de regel. Zowel voor mijn familie als voor mijn Vlaamse omgeving. Zelf de wetten stellen, betekent ook deze wetten schenden.

Wat ik toen niet besefte en wat me later zuur zou opbreken, is dat 'zelf de wet stellen' ook inhoudt dat je een strijd moet leveren tegen clichés, tegen vooroordelen, tegen conventies, tegen vastgeroeste beelden, tegen dooddoeners, tegen de gebruiken en vanzelfsprekendheden die verankerd zijn in de wetten van het normale Marokkaanse én Vlaamse leven.

Het is vooravond, we zitten in de auto ergens in de buurt van Parijs. Het regent, we zijn op de terugweg van Marokko. De meeste broers en zussen zijn ingedommeld. Tijdens de vakantie in Marokko had ik met mijn oudste zus een plan bedacht. Zij zou de voorzet geven aan mijn ouders om hen over mijn studieplannen te spreken. Zo zou ik een bondgenoot hebben. Het moment leek aangebroken. Voorzichtig begon ze met mijn ouders te praten, over de wel zeer goede punten die ik had gehaald en dat het toch zonde zou zijn om dat weg te gooien. Mijn ouders luisterden. Ze begonnen vragen te stellen en toen we in Mechelen aankwamen, was mijn vader overtuigd. Ik kreeg toelating om van school te veranderen en een andere richting in te slaan.

Koranschool en godsdienstles

We hebben in het secundair veel varianten van Yamila gezien,’ zegt Herman Frooninckx, de huidige directeur van het Onze-Lieve-Vrouw van den Ham-Instituut in Mechelen en mijn vroegere leraar Nederlandse expressie, Engels en Wijsgerige Stromingen. Herman en ik hebben elkaar nooit meer losgelaten. Soms zagen we elkaar regelmatig. We noemden dat ‘De Appel’-gesprekken, naar het café waar we elkaar ontmoetten in Leuven. Soms zagen we elkaar een lange tijd niet. Bij onze eerste ontmoeting, lang geleden, was hij nog een ‘groene’ leraar en ik een van de enige ‘allochtone’ leerlingen. Vandaag is hij directeur van een zogenaamde ‘zwarte of concentratieschool’ en stellen zich andere problemen waar hij het hoofd aan moet bieden. Zijn en mijn onmacht waren anders, maar toch onderdeel van hetzelfde proces. Ik wist niet hoe je over de drempel moest geraken. Hij wilde mij over de drempel trekken, maar wist niet hoe.

Een zonnige zomerdag in augustus. Vandaag ga ik mij inschrijven in het Onze-Lieve-Vrouw van den Ham-Instituut. De school is in het centrum van de stad gelegen. Normaal gezien doe je er een klein halfuurtje over, maar ik heb me vergist. Ik neem de langste weg in plaats van de kortste. In navolging van mijn vader, toen hij voor het eerst naar Lepage ging. En misschien is dit wel symbolisch voor mijn verder levensparcours. Waarom deze school? Het had evengoed een andere kunnen zijn, maar ik had gehoord dat deze school een goede reputatie had. Bij de inschrijving lijkt de zuster verbaasd. Ben je zeker dat je je in deze school wil inschrijven voor het eerste jaar ASO? ‘ Ja,’ antwoord ik zeer ferm. Achteraf zal blijken dat dit een scharniermoment is.

De eerste schooldag stond ik om kwart voor acht voor de

poort. Ik was extra vroeg vertrokken, bang om weer verloren te lopen. Want ik wou absoluut een goede indruk maken. Een voorstelling van waar ik terecht zou komen, had ik me niet kunnen maken, maar ik merkte meteen dat dit een totaal nieuwe wereld was, waar ik geen enkel aanknopingspunt had. De drempel was heel hoog. Een van de eerste dagen moesten we onszelf voorstellen en vertellen hoeveel broers en zussen we hebben en welk beroep onze ouders hebben.

Advocaat, dokter, onderwijzer, bediende, dat zijn de beroepen van de ouders van mijn klasgenootjes. Wanneer het mijn beurt is, vertel ik dat ik drie broers en drie zussen heb en dat mijn vader arbeider 'handlanger' (zo stond het op zijn identiteitskaart) is in een metaalfabriek. Mijn klasgenoten lachen me uit. De leerkracht moet ingrijpen. De toon is gezet. Ik ben het buitenbeentje, dat niet bij de club hoort. Wiens ouders niet het juiste diploma of beroep hebben. Wiens achtergrond vreemd is. Ik ben de enige van Marokkaanse afkomst. Met de dag word ik stiller. Ik durf mijn menig niet meer te zeggen uit angst om uitgelachen te worden. Ik krijg ook te maken met openlijk racisme. Anja, een lang, blond meisje, vertelt onomwonden dat ze van haar ouders met iedereen mag spelen behalve met die Marokkaanse. Wanneer er groepjes moeten gevormd worden, blijf ik steevast alleen over. In de les Nederlandse expressie komt het tot een rel. 'Als Yamila in ons groepje zit, dan boycotten we de les.' Herman Frooninckx tracht te bemiddelen, maar geeft veel later toe dat hij eigenlijk niet voorbereid was op deze problemen.

Het kwaad van racisme is dat het niet alleen een verkrachting is van de waardigheid van een ander, maar ook van je eigen persoon en ziel; het onvermogen om je met anderen verbonden te voelen is een onvermogen om te begrijpen en te voelen waaruit je menszijn bestaat, wat het betekent om te leven, en wat het betekent om jezelf én anderen te zien als doel en niet als middel, en als bezitter van een ziel.

Hoeveel geruststellende woorden over 'je eigen soort' er ook worden verteld, een maatschappij die racistisch is, is een maatschappij die zichzelf niet accepteert, die zichzelf voor een deel zo diep haat dat ze – door haar spirituele en politieke onbeduidendheid en apathie – niet kan en niet wil zien hoeveel mensen met elkaar gemeen hebben. En dat betekent een verarming en een degradatie van de hele maatschappij en ieder element erin. Daarom is racisme ook geen onbelangrijk of bijkomstig probleem; het ontwricht de hele maatschappij.

Hanif Kureishi

Voor mij is Herman Frooninckx één van mijn eerste strohalmen. Hij voelt mijn worsteling en dat is voor mij de erkenning van de problemen waarmee ik zit. Hoe verhoud ik mij als allochtone arbeidersdochter tot de witte, Vlaamse middenklasse die zich zowel cultureel als socio-economisch superieur voelt? Maar ook, hoe verhoud ik mij tot mijn eigen gemeenschap, die behoudsgezind, traditioneel en wantrouwig is?

Ook financieel is het een domper. Ik krijg een gepeperde schoolrekening die ik weken in mijn boekentas houd. Ik durf ze niet aan mijn vader te tonen omdat ik weet dat hij ze niet kan betalen. Ik wacht tot ik er zeker van ben dat hij de rekening kan betalen.

Ik ben vertwijfeld en onzeker. Ik ben in een nieuwe wereld terechtgekomen die mij vreemd is. Met mijn vriendinnetjes in de volkswijk heb ik deze problemen niet. Hun vaders werken ook in fabriek, zoals mijn vader. Elk vrij moment ben ik in de bibliotheek te vinden. Stapels tijdschriften neem ik door om te begrijpen waarover men het heeft. Ik ken elke film die op dat moment in de bioscoop wordt gedraaid. En alle recensies, zonder één voet in de bioscoop te zetten. Ik kan meepraten over een wereld die nog niet de mijne is, maar die ik moet leren kennen om erbij te horen. Hoe laat je vooral niet merken dat het de eerste keer is dat je op restaurant bent, dat je met mes en vork eet? Ik houd het gezelschap nauwgezet in het oog en ben altijd een fractie later. Zo kan ik kopiëren wat de anderen doen.

Ik ben de vreemde eend in de bijt. Vreemde vragen die ik niet kan plaatsen, worden mij voorgelegd. Ranselt je vader jouw moeder ook af, zoals het in de moslimcultuur hoort? Door de vanzelfsprekendheid van de vraag en het vooroordeel dat hieruit spreekt, ben ik diep geschokt. 'Ik heb mijn vader mijn moeder nog nooit zien slaan,' antwoord ik. Men weigert me te geloven. 'Je hoeft je niet te schamen hoor, we weten dat de koran dat voorschrijft.' Ik schaam mij helemaal niet, ik weet gewoon niet waarover ze het hebben.

Dat eerste jaar heb ik er verschillende keren aan gedacht mijn studies op te geven. Het was emotioneel veel te zwaar. Niemand met wie ik kon praten, ook mijn ouders niet. Vaak lag ik 's nachts te huilen. Door boeken te lezen, kon ik me in mijn eigen wereld terugtrekken en die meteen groter maken. De schrijvers Fatima Mernissi, Nawal El Saadawi en Mohammed Choukri zijn mijn denkbeeldige gesprekspartners geworden..

Wanneer mijn jongste zus geboren wordt, krijg ik op school de opmerking: 'jullie kweken als konijnen.' Dat is er even teveel aan. Ik haak af. Blijf een paar weken thuis omdat ik de sfeer op school niet meer aankan. Bovendien komt het mijn moeder goed uit met de nieuwe baby. Ze kan mijn extra hulp wel gebruiken. Ik heb toen serieus overwogen om te stoppen, maar ik had in mijn ogen geen alternatief. Nu stoppen zou betekenen dat ik mijn droom moest opgeven...

Daarom ben ik teruggegaan. Heb mijn examens afgelegd en ben geslaagd voor het eerste jaar ASO. Dat gaf me zelfvertrouwen en moed. Als ik in zulke omstandigheden een A-attest kan halen, dan zal de rest wel meevallen. Het is ook een illustratie van mijn koppig doorzettingsvermogen. Voor de examens lichamelijke opvoeding moesten we binnen een bepaalde tijd 15 rondjes lopen in de Kruidtuin, het stadspark van Mechelen. Ik heb nog twee ronden te lopen en de leerkracht laat me verstaan dat een A niet meer te halen is. 'Het zal een B worden, Yamila.' Haar opmerking spoort me aan, ik steek een tandje bij. Op valreep haal ik een A binnen. In het tweede jaar is de samenstelling van de klas helemaal anders. Heel schuchter begin ik vriendinnen te maken. Michèle en Ingrid waren de eersten, later volgden Miranda en Ingrid.

Na jarenlang op een wachtlijst te hebben gestaan, krijgen mijn ouders een sociale woning toegewezen aan de rand van de stad. De grote sprong voorwaarts. Eindelijk warm water, een badkamer met ligbad, een ingerichte keuken, vier slaapkamers, veel licht en een grote voor- en achtertuin. Dit lijkt wel een super de luxe villa in vergelijking met het huis waarin we na de brand woonden. Voor mijn ouders een zorg minder, ze hebben voor de eerste keer een fatsoenlijk dak boven hun hoofd.

Een nieuwe wereld gaat voor mij open. Via de school ontdek ik het theater. *Gilles*, een theatermonoloog gespeeld door Jan Decleir over het leven van Jeanne d'Arc, *Hamlet*, *Thuis* van Hugo Claus... Ook de cinema is een nieuw terrein. Een klein groepje in dat tweede jaar is actief bezig, ik sluit me aan en word aanvaard. Voortaan moet ik tijdens de pauzes niet meer elke minuut aftellen, maar ben ik druk bezig met repetities en brainstormen.

En gaandeweg voel ik me sterker om de racisten met verbale oneliners de mond te snoeren en de vooroordelen te ontkrachten. Soms zie ik ook spoken. In de les Nederlands ben ik niet aan het opletten terwijl we Multatuli aan het bespreken zijn. De leraar trekt parallellen met de problemen van migranten. En laat het woord 'Makkaken' vallen. Ik kende de context niet, want ik was verstrooid en heb daardoor een jaar lang gedacht dat hij extreem rechts gezind was. Terwijl dat helemaal niet het geval was. Je verliest het vermogen om het onderscheid te maken tussen wat werkelijk kwetsend is en opmerkingen die grappig bedoeld zijn.

Ik ben boos en voel me in de maling genomen. Tijdens de les godsdienst ontdek ik dat het oude testament bijna identiek is als de Koran. Jozef, Mozes, Maria, Jezus, engel Gabriel... Allemaal worden ze erkend zowel door de Islam als door Christenen.

Ik leer in de godsdienstles over de brief van Paulus aan de Korintiërs:

> *'Als een man iets op zijn hoofd heeft wanneer hij bidt of uit naam van God spreekt, dan is dat een schande. Maar een vrouw maakt haar hoofd te schande als ze blootshoofds bidt of uit naam van God spreekt. Want dan staat ze gelijk met een vrouw die kaalgeschoren is... Want de man is niet ontstaan uit de vrouw, maar de vrouw uit de man. En als teken daarvan is de vrouw daarom verplicht iets op haar hoofd te dragen.'*

Ik lees in de koran in Soerat an-noer het volgende:

> *'En zeg tot de gelovige vrouwen dat zij hun ogen neerslaan en hun schaam-*

streek kuis bewaren en dat zij hun sieraad niet openlijk tonen, behalve wat gewoon al zichtbaar is. En zij moeten sluiers over hun boezem dragen en hun sieraad niet openlijk tonen, behalve aan hun echtgenoten of hun vaders of de vaders van hun echtgenoten of hun zonen of de zonen van hun echtgenoten of hun broers of de zonen van hun zusters of hun vrouwen of slavinnen over wie zij beschikken of mannelijke volgelingen die geen geslachtsdrift meer hebben of de kinderen die nog niet op de schaamdelen van de vrouwen letten. En zij moeten niet met hun voeten stampen zodat men weet wat zij voor verborgen sieraad dragen. En wendt jullie berouwvol tot God, o gelovigen; misschien zal het jullie wel gaan.'

Waarom worden altijd de verschillen zo benadrukt en niet de gelijkenissen? Ik ga graag naar de godsdienstles. Niet uit geloofsovertuiging maar vooral vanuit het besef dat de fundamenten van de Westerse cultuur in dat geloof steken en dat wilde ik leren kennen. Het heeft mij geholpen om mijn omgeving beter te begrijpen. Hoewel sommige leerkrachten weinig creativiteit aan de dag legden. Als examenstof werd gevraagd het 'Wees gegroet Maria' van buiten te kennen. Er is geen ontkomen aan. Ik zeg dan maar het 'Wees gegroet' op en leg als stil protest een andere intonatie en klemtoon in mijn stem. Jaar na jaar groeit mijn zelfvertrouwen en word ik meer aanvaard door de groep. Van muurbloem in het eerste jaar, waar bijna iedereen op me neerkeek, tot klasverantwoordelijke die met gezag spreekt.

Naar Marokko gaan wordt voor mij minder en minder vakantie. Een deel van de familie stelt voortdurend vragen en oordeelt over de manier waarop mijn ouders hun kinderen en vooral hun tweede oudste dochter opvoeden. 'Veel te liberaal,' is het verdict. Meisjes moeten voor hun achttiende jaar getrouwd zijn. Meisjes en studeren is iets dat vloekt en onnatuurlijk is. Mijn vader wordt aangesproken over zijn vaderlijke gezag. Door mijn keuzes lijkt het alsof ik zijn gezag ondermijn. Gelukkig heeft mijn grootmoeder dit door en steevast zegt ze tijdens het afscheid tegen mijn vader: 'Haddou, je moet niet luisteren naar de praatjes van die onwetenden. Je moet je kinderen laten studeren.'

Mijn tactiek bestond erin om zo weinig mogelijk te zeggen. Ik heb het gevoel dat alles wat ik zeg later tegen mij gebruikt kan worden. Mijn tante Kadija, merkt het zelfs op: 'Yamila, waarom ben je zo stil?' Spreken of zwijgen? Niemand begrijpt je.

Spreken is beter dan zwijgen, maar woorden zonder antwoord kunnen nutteloos lijken. Wat hij nodig heeft, is dat zijn woorden erkend worden op een wijze die bevrijdend lijkt – bevrijdend omdat ze beweging en nieuwe gedachten opwekken.

Hanif Kureishi

Als het in de klas goed evolueert, dan gaat het thuis moeilijker. Mijn moeders prioriteit is van mij een 'goede huisvrouw' te maken en al die studies vindt ze maar niks. Met heel mijn wezen verzet ik me daar tegen. Het geduld van mijn moeder raakt op en nu en dan verkoopt ze me een pak rammel in de stille hoop dat ik zal bijdraaien. Dikwijls sta ik voor een dilemma, zeker als er gasten zijn, wat vaak gebeurt. Studeer ik of help ik mee?

Uiteindelijk kan ik met een minimum aan studie-inspanning wel aan mijn gemiddelde komen. Vakken waar ik een extra inspanning voor moet doen blijven zwak. Ik heb echter geen extra tijd om te investeren. In het 5de middelbaar heb ik prijs. Ik moet mijn jaar overdoen omdat moderne wiskunde te zwak is. En zo blijf ik schipperen.

Zo let ik erop om me niet al te vrouwelijk te kleden. Op die manier kan ik de aandacht van huwelijkskandidaten weghouden. Ik zie er nogal jongensachtig uit, zeker geen 'ideale huisvrouw'. Een eigen mening heb ik ook en die verkondig ik graag, tot grote wanhoop van mijn moeder. De mensen willen niet horen wat je mening is. De vrouw moet op haar terrein blijven, zij mag zich niet mengen en niet deelnemen aan de gesprekken. Die zijn enkel voorbehouden voor de mannen. Men wil zien dat je goed bent in de keuken.

'Wil je met jouw gedrag aan een man raken?' vraagt mijn moeder me steeds. Ik wil helemaal niet aan een man geraken, ik wil studeren. En waar is mijn vader in dat verhaal? Mijn vader is meestal aan het werken, de kost aan het verdienen. Opvoeden is iets voor mijn moeder. Het is mijn vaders droom zijn kinderen een betere jeugd en toekomst te geven dan hij zelf heeft gehad. Dat was zijn drijfveer om zijn land Marokko in te wisselen voor België. Maar wat betekent dat precies? En is de consequentie daarvan niet dat je je dochter voor een deel verliest en dat je macht als vader wordt aangetast? Ik ga mijn eigen weg en voel me tegelijk ongelooflijk schuldig over wat ik mijn familie aandoe.

Om een cent bij te verdienen ga ik tijdens de zomervakanties als poetsvrouw werken in een chique villawijk in Bonheiden. Op het einde van de schoolvakantie kom ik thuis, trots als een pauw. Ik heb mijn zuurverdiende centen gekregen. Mijn moeder kijkt me aan en vraagt: 'zou je niet beter stoppen met studeren en gewoon geld verdienen.' Ze heeft al geïnformeerd en kent wel iemand die mij aan werk kan helpen. Ik vind het niet erg om als poetsvrouw te werken als ik daarmee mijn studies kan betalen. Maar geld verdienen is geen doel op zich, het is een middel om mijn droom te financieren. Daarom begin ik tegen mijn moeder te roepen en te tieren. Probeer haar dat uit te leggen, maar realiseer me dat ze het nooit zal begrijpen, dat haar wereld nooit mijn wereld zal worden en mijn wereld nooit de hare. Ik voel mij eenzaam en uitgeput door zoveel nutteloze strijd. Vaak heb ik me afgevraagd of de prijs die ik moest betalen niet te zwaar was. Angst om te falen. Angst voor het onbekende. Teveel angst om te kunnen genieten van de mooie momenten die er ook zijn. Of het uiteindelijk wel allemaal de moeite was?

Door mijn keuze hoor ik nergens meer bij. Ik moet het zelf uitzoeken, er is geen keerpunt mogelijk. Mijn Marokkaanse vriendinnen trouwen kort na elkaar. Ze lijken gelukkig.

Zesde middelbaar, het optievak Wijsgerige Stromingen. Opnieuw kom ik Herman tegen. Hij is mijn leraar. Elke vrijdag, van 10 tot 12, zitten we in een kring een aantal teksten te bespreken: Levinas, *Sidartha* van Herman Hesse, de *Allegorie van de grot* van Plato. Het is in deze cursus dat ik mijn eerste essay schrijf, dat later in het tijdschrift van de Nationale Vrouwenraad verschijnt. 'Persoonlijk denk ik dat je als Marokkaans meisje meer last ondervindt van de onzichtbare dan van de zichtbare problemen. Bij de onzichtbare gaat om iets fundamenteels. Het is bijna een aantasting van je persoonlijkheid. Dat dit voor conflicten zorgt, is nogal evident. Om het naar de grotallegorie van Plato te vertalen: je ziet het licht en je wil er naartoe, maar je zit vastgeketend en hoe hard je ook probeert om los te komen, zonder pijn zal het niet gaan.'

Voor mij is het een oefening in het vrij en kritisch denken. Wat ik daar leer, zal ik heel lang met mij meedragen.

Van de Poststraat naar het parlement

parlement
naar het
Poststraat
Van de

We komen aan in het Noordstation in Brussel. Dan de Dupontstraat door en je bent in de Poststraat. Ik zie vitrines met hoeren en vervallen huizen, de confrontatie met de grootstad is enorm. Ik heb me ingeschreven in de opleiding Maatschappelijk Assistent in 'de Poststraat' in Brussel. De Poststraat nummer 111 is een begrip in sommige kringen, het herbergt immers ook de Katholieke Arbeiders Vrouwen, kortweg de KAV. Dit keer ben ik niet alleen. Ingrid, een vriendin, is meegekomen. Toch heb ik gemengde gevoelens. Diep in mijn hart weet ik dat ik rechten wil studeren, maar dat ik er niet voor durf uit te komen. Even heb ik het geprobeerd. De faalangst is te groot en daarom kies ik voor deze opleiding.

'Durf jij je dochter alleen naar Brussel te laten gaan? Hoe weet jij dat ze in de les zit en niet in de grootstad aan het lanterfanten is? Misschien is ze wel losbandig, wie zal het zeggen.' Het zijn vragen die mijn ouders krijgen van de Marokkaanse gemeenschap in Mechelen. De grootstad wordt sterk geassocieerd met zedenloosheid en drugs. De sociale controle in onze Marokkaanse gemeenschap is hier enorm. Mijn ouders worden vaak aangesproken en op hun te liberale manier van opvoeden gewezen. Tegelijk zegt het veel over de ouders die de vragen stellen natuurlijk. Eigenlijk zijn ze bang dat hun kinderen geen goed voorbeeld krijgen en wellicht op een dag ook de keuzes zullen maken die ik maak. Aan de vooravond van het nieuwe schooljaar heb ik een gesprek met mijn vader. 'Yamila, dit is een kans die je krijgt, maar als je iets doet om de eer van de familie te schaden, dan is het afgelopen.'

Opnieuw de vragen die door mijn hoofd schieten: 'Wanneer schaadt men de eer van de familie?' Er bestaat niet zoiets als het abc van de familie-eer. Je moet het zelf maar uitzoeken.

Zorgen dat je geen onderwerp van roddel wordt binnen de gemeenschap.

Ik heb mijn draai nooit gevonden in de Poststraat. In mijn vooropleiding had ik geleerd om kritisch te zijn en vrij te denken, om zelfstandig een mening te vormen. Ik trok die lijn door. Maar dat was niet naar de zin van een docent. Halfweg mijn opleiding werd ik apart geroepen: 'Yamila, je beseft toch wel dat als je je diploma gehaald hebt, je in een organisatie gaat werken waar je een baas boven je zal krijgen die niet zal waarderen dat je voortdurend vragen stelt en je kritisch uitlaat.'

Hij probeerde me duidelijk te maken dat ik minder kritisch moest zijn! Ik stond perplex. Het enige wat ik kon uitbrengen was dat ik mijn diploma wilde halen om daarna verder te studeren: rechten.

Sommige docenten vind ik echt paternalistisch, vooral de docenten met de praktijkgerichte vakken. Mensen die aan hulpverlening doen met goede bedoelingen, maar die vastzitten in hun eigen patronen en daardoor weinig effectieve hulp kunnen bieden. Kolonisatie met de zogenaamde 'beste bedoelingen'. Cliënten zien ze als sukkelaars die geholpen moeten worden. Misschien wel om hun eigen zelfbeeld op te krikken?

Zondag 24 november 1991. De eerste zwarte zondag heb ik vanuit de huiskamer op televisie gevolgd. Ik voelde een immense verontwaardiging. Een gevoel dat heel veel anderen met mij deelden. Spontaan kwamen er allochtone jongeren uit heel Vlaanderen samen in Antwerpen. Ook ik was er. Eindelijk ontmoette ik Marokkaanse jongeren die op dezelfde golflengte zaten. Die ook keuzes hadden gemaakt die niet vanzelfsprekend waren. Ik ontmoette er onder andere Abdel Elmouden, die rechten gestudeerd had en later advocaat zou worden; Nahima

Lanjri die later kamerlid werd; Fatima Bali die gemeenteraadslid in Antwerpen werd en haar zus Fatia Bali; Mohammed Filali die islam doceert en nog vele anderen. We besloten om samen een organisatie op te richten: de Vereniging voor Integratie en Participatie. Uren hebben we gediscussieerd, soms tot in de vroege uurtjes. Voor mij heeft het louterend gewerkt. Iedereen had er behoefte aan om zijn verhaal te vertellen zonder dat je teveel het waarom moest uitleggen. Toen de politieke recuperatie begon, spatte de groep uit elkaar.

In het tweede en derde jaar van mijn opleiding moeten we verplicht stagelopen en ik laat mijn oog vallen op de sociale dienst van de jeugdrechtbank in Mechelen. Ik wist dat de toenmalige jeugdrechter, Jan Peeters, een zeer goede reputatie had en baanbrekend werk had geleverd op het gebied van alternatieve straffen en jeugddelinquentie.

Aanvankelijk neem ik de houding van observator aan. Ik neem verschillende cases door van jeugddelinquenten en op een gegeven moment ontdek ik gemeenschappelijke kenmerken. De leeftijd van de jongeren, het geslacht, de afkomst, het aantal processen verbaal waarna het parket niet meer seponeert, maar actief gaat optreden. Het betekende in de praktijk dat een jongere ongeveer twee jaar op het slechte pad is vooraleer een hogere instantie zich in hem gaat interesseren. Ik zette mijn bevindingen in een nota en bezorgde ze aan mijn stagebegeleider op de sociale dienst van de rechtbank. 'Het zijn interessante bevindingen, waarom leg je ze niet voor aan de jeugdrechter?' Met knikkende knieën en zeer veel schroom bezorg ik hem het document. Ik had nog nooit een magistraat van dichtbij gezien en nu zat ik met Jan Peeters rond de tafel mijn analyse te bespreken en hij luisterde naar mij. Ik wist niet hoe ik hem moest aanspreken. Mijnheer de magistraat? Mijnheer de rechter? Mijnheer Peeters? Mijnheer?

Het angstzweet brak me uit. Bang om in een gênante situatie terecht te komen, sprak ik hem eerst niet aan. Ik vertoefde in nieuwe kringen en voelde mij ongemakkelijk in deze situatie waarvan ik de gedragscodes niet kende. Achteraf realiseerde ik mij dat Jan Peeters de eerste echte gezagspersoon was die ik ontmoette. Ik ben opgevoed om mannen in het algemeen en zeker mannen met gezag niet rechtstreeks te benaderen. Als je zo iemand aanspreekt, kijk je die persoon niet recht in de ogen. Nu en dan merken vrienden of collega's dat bij me op: 'Yamila, je bent wel erg onbeleefd, je hebt de hele tijd met die persoon gepraat zonder hem rechtstreeks aan te kijken.'

'Ik ben het eens met jouw analyse, maar wat kunnen we eraan doen,' vroeg Jan Peeters. We beslisten om een denkgroepje op te richten waaraan ook de bevoegde parketmagistraat en Rudy Possemiers van het jeugdhuis *Rzoezie* zouden deelnemen. Er kwam een proefproject dat uit twee grote krachtlijnen bestond. Enerzijds werd er een netwerk opgestart met alle relevante actoren in het Mechelse, anderzijds zou het parket veel sneller optreden om preventief te kunnen ingrijpen.

In het boek *Mens voor mens* van Paula D'hondt, de toenmalige Koninklijk Commissaris voor het Migrantenbeleid, lees ik in het voorwoord de volgende zin van Shakespeare: 'Wij moeten gehoorzamen aan deze treurige, drukkende tijd, zeggen wat we voelen, niet wat we verwacht worden te zeggen.'

Het raakt me en ik beslis haar over ons project te schrijven. Prompt word ik uitgenodigd voor een gesprek. In Amsterdam wordt er een Congres georganiseerd rond jeugddelinquentie en op vraag van *Paula D'hondt* zal ik daar een presentatie verzorgen. Het zal mijn eerste publieke optreden worden en ik besterf het. In mijn werkgroep zitten onder meer parketmagistraten, jeugdwelzijnswerkers, politiemensen Zo is er een Belgische jeugdwelzijnswerkster uit Antwerpen. Ze heeft zich speciaal ingeschreven in de werkgroep waar ik mijn presentatie moet geven omdat ze niet akkoord gaat met mijn visie. Ze valt het project aan en reageert nogal emotioneel, op een toon van 'je weet niet wat goed is voor deze jongeren' of 'hoe durf je als allochtone zulke ideeën te hebben en dan nog als maatschappelijk werkster?' Dat haar aanpak de jongeren totaal niet vooruithelpt is een detail. Eigenlijk vindt ze me een verraadster. Een verraadster van mijn eigen Marokkaanse gemeenschap, maar ook een verraadster van de gemeenschap van welzijnswerkers, omdat ze veronderstelt dat ik meeheul en -huil met het repressieve gerechtsapparaat.

Het is pas vele jaren later dat ik besef dat zij een probleem heeft, met name dat van het 'naïef multiculturalisme'. Dat wordt zeer goed verwoord door psychoanalyticus Paul Verhaeghe in een kranteninterview. 'Het heeft veel met een doorgedreven idealisme te maken. Bij progressieve mensen zou je verwachten dat ze hun eigen zwarte kant het meest verdringen. Het naïefste beeld daarvan is de progressieve linkse man of vrouw die vindt dat elke allochtoon per definitie goed is. Want als hij ook maar zou kunnen denken dat deze of gene allochtoon slecht kan zijn, zou hij afbreuk doen aan zijn eigen linkse ideaal. Terwijl... waarom zouden er geen bandieten bij de allochtonen zitten, die zitten toch ook bij de Vlamingen? Allochtonen hebben geen privilege op een heiligenstatus. Een bepaalde linkse groep zal die naïviteit moeten laten vallen'.

Oef, mijn thesis zit erop. Nu nog alleen mijn dankwoord schrijven. Ik besluit een tekst van Jaap Kruithof te gebruiken: 'Wat is er dan kenmerkend voor de leermeester? Hij heeft grote invloed op je gedrag, je waardering en je kennis van de werkelijkheid. Ik beperk me hier tot dat laatste punt, de kennis. Leermeesters beïnvloeden je visie op de dingen diepgaand, werken grondig op je intellectuele vorming. Ze openen je ogen, doen je anders denken, trekken je omhoog, halen je uit het moeras van de onverschilligheid en onzekerheid. Ze zijn je een stap voor, geven je een kik. Ze opereren met flitsen of werken langzaam, gestaag, doordrijvend. Die leermeesters raak je niet kwijt, je sleept ze jarenlang mee, soms zonder het zelf te weten want wij herinneren ons vaak niet wie onze kern gemaakt heeft.'

Wanneer ik mijn thesispromotor voor de laatste keer ontmoet, voorzie ik geen probleem. We hebben alles goed doorgenomen en het enige wat ik nog toegevoegd heb is het dankwoord. Maar dat is buiten mijn promotor gerekend. Hij neemt aanstoot aan mijn dankwoord, loopt rood aan en ik begrijp deze commotie niet. Hij struikelt over de laatste zin. Voor hem is het duidelijk wie onze kern heeft gemaakt, namelijk God en daar valt niet over te twijfelen. We spreken dezelfde taal maar zitten op een andere golflengte. Ik houd voet bij stuk en wil dat mijn dankwoord in mijn thesis komt zoals ik het wil. Ik vind niet dat hij daar in mag tussen komen.

Ondertussen hebben mijn ouders een groot oud herenhuis gekocht in het centrum van Mechelen, dat flink gerenoveerd moet worden. Mijn ouders hebben het gekocht van een oude dame die gek was geworden van eenzaamheid. Het is een project dat jaren zal duren. We verhuizen en ik schrijf me na mijn diploma Maatschappelijk Assistent in aan de VUB, faculteit

Rechten. Het is 1992. Eindelijk kan ik mijn droom waarmaken. Mijn twee kandidaturen kan ik in één jaar doen. Jan Cuypers van de sociale dienst is mijn bondgenoot. Ik krijg een extra beurs, waarvoor ik een formulier moet invullen. Als ik het aan Jan Cuypers terugbezorg, vraagt hij: 'Ben je niet vergeten de rubriek "vrije tijd" in te vullen?'

'Neen'

'Koop jij nooit een cd of boek?'

'Neen'

Hij is stomverbaasd dat ik zo weinig vrije tijd heb. Het was een fijne man, in de volgende vier jaar dat ik bij hem langs ben gegaan, heb ik nooit enige zweem van bevoogding gevoeld. Altijd had ik het gevoel dat hij me op een waardige manier behandelde. De sociale voorzieningen aan de Vrije Universiteit Brussel waren een recht, niet iets waarvoor je dankbaar moest zijn. Vier jaar heb ik via de jobdienst allerhande jobs gedaan, van babysitten op het zoontje van een bekende sopraan tot receptioniste in een gerenommeerd Amerikaans advocatenbureau. Ik wist dat ik in een moeilijke financiële situatie zat en dat ik moeite had om de eindjes aan elkaar te knopen, maar het was een hele geruststelling te weten dat er mensen zoals Jan Cuypers waren die je zaak ter harte namen.

Het is een zwaar jaar, maar ik voel dat dit mijn ding is. Ik herleef. Hoewel het opnieuw een nieuwe wereld is, met nieuwe codes. Ik ben stil en observeer, maar al gauw maak ik vrienden: Marina, Evert, Danny, Michel en Alexis.

Abdel Elmouden raadt me aan om op kot te gaan, want als ik in de eerste zit wil slagen, dan zal ik al mijn energie in mijn studie moeten steken. Dat durf ik echter niet aan mijn ouders vertellen, waardoor ik toch een volledige tweede zit aan mijn broek krijg. Ik besef dat het vijf voor twaalf is. Als ik me nu niet maximaal kan inzetten, dan zal ik er wel een streep mogen onder trekken. Halsoverkop ben ik in juli op kot gegaan, in een kelderverdieping, meer kon ik me niet permitteren. Het was er vochtig, er was geen douche en 's nachts hoorde ik er de muizen vrolijk rondscharrelen. Ik kreeg een afschuwelijke examenrooster, maar gaf niet op. Ik moest en zou die tweede zit halen.

Als een bezetene heb ik gestudeerd en als ik een dip had, keek ik naar een folder die ik aan de muur had geprikt, waarop Filip Dewinter en consorten prijkten. Mijn energie werd er onmiddellijk door opgekrikt. Met wallen onder mijn ogen, maar geslaagd, sloot ik de tweede zit af. Een overwinning op mezelf, nu wist ik dat de rest ook wel zou lukken. Mijn zelfvertrouwen kreeg een enorme boost.

In de eerste licentie, traditioneel een zwaar jaar in de rechten, slaagde ik meteen in de eerste zit. Ondertussen had ik het appartement van Abdel overgenomen en voor een habbekrats kon ik het van de universiteit huren(mijn jaar van de vrijheid!).

Je verlaat je huis en herschept je huiselijk leven op een andere plaats, waar je jezelf nog strengere leefregels oplegt en je nog gehoorzamer bent. Daarom bleef ik bijna altijd achter een gesloten deur.
Mijn ouders hadden de buitenwereld voorgesteld als ongastvrij en gevaarlijk. Zij wilden mij thuis hebben bij hen, veilig.
In de voorstad was men van mening dat, aangezien de wereld angstaanjagend is, je er zo ver mogelijk vandaan moest blijven en het gekende moest koesteren

Hanif Kureishi

Om het te vieren en op kracht te komen, ga ik met Miranda, een Vlaamse vriendin, naar Marokko mijn familie bezoeken. Ik kan ondertussen de beide leefwerelden perfect aanvoelen en ken de gedragscodes. Op een gegeven moment ga ik met mijn vriendin een kop koffie drinken in Hotel Rif, het enige internationale hotel van de stad Nador, waar niet opgekeken wordt als vrouwen zonder mannelijke begeleiding verschijnen. Op een gegeven moment komt een neef uit de bar. Hij drinkt bier. In Marokko drinken de meeste jongeren alcohol, iedereen weet dat, maar zolang men het niet ziet, wordt het stilzwijgend getolereerd. Hypocrisie ten voeten uit. Alcohol kan je enkel krijgen in Hotel Rif. Hij komt naar ons toe, begroet ons en maakt aanstalten om zich erbij te zetten. Ik schiet in een Marokkaanse furie. Hoe durft hij? Zich bij ons te zetten met een blik bier in zijn handen? Wie denkt hij wel dat we zijn? Hij druipt af. Mijn vriendin is in een totale verwarring. 'Yamila, wat heb jij tegen iemand die bier drinkt? Ik heb je al verschillende keren in een café met vrienden die bier dronken gezien. Nooit heb je er een punt van gemaakt. Wat bezielt je?' Op zich heb ik er geen probleem mee wanneer iemand bier drinkt, maar wanneer mijn neef openlijk bier drinkt in de nabijheid van zijn nicht in traditioneel Marokko, dan heeft dat een heel andere betekenis in onze sociale code. Door die handeling drukt hij uit dat hij geen respect heeft voor mij. Ik zie in de ogen van mijn Vlaamse vriendin dat ze het niet begrijpt. Ik probeer nog eens en geef het op.

Amin Maalouf, Chaim Potok, Simone de Beauvoir, Tahar Ben Jelloun, Salman Rusdie, Herman Hesse, Milan Kundera, Connie Palmen zijn de schrijvers die ik lees tijden mijn jaren aan de universiteit.

1996 is het jaar dat ik mijn diploma op zak heb en een nieuwe wereld binnenstap: de advocatuur. 'Yamila, waar ben je mee bezig?' vraag ik me af als ik als advocate mijn eed afleg en in mijn toga door het Brusselse justitiepaleis loop. Ik was me toen heel sterk bewust van het klassenverschil. Dat het dàt was dat ik probeerde te doorbreken. Niet de Marokkaanse Yamila, maar de Yamila uit het grote arbeidersgezin had het moeilijk. Mijn vader is trots een advocate in de familie te hebben en misschien heb ik zijn droom ook waargemaakt. Ik ontdek dat hij foto's van mijn eedaflegging meeneemt naar Marokko om aan mijn sceptische familie te tonen. Alsof hij wil zeggen 'zie je wel, het tij is gekeerd.' De Mechelse Marokkaanse families die met enig scepticisme en argwaan mijn parcours hebben gevolgd, komen nu advies vragen aan mijn ouders. Naar welke school zouden ze hun kinderen best sturen om een goede opleiding te krijgen?

Ik ben wat je noemt een huis-, tuin- en keukenadvocaat, die de 'alledaagse problemen' van de mensen in mijn kabinet zie passeren. Maar het feit dat ik van Marokkaanse origine ben, maakt me vanzelfsprekend tot pleitbezorgster van de (Marokkaanse) cliënten en ook van een deel van die gemeenschap. Ik trek me het lot van allochtone vrouwen aan. Ik merk dat je niet alleen het verschil kan maken omdat je de wet kent, maar ook omdat je weigert je neer te leggen bij flagrante onrechtvaardigheden.

Zo is er Aicha, een Marokkaanse vrouw die nog geen jaar geleden haar Marokkaanse echtgenoot in België is komen vervoegen. Na enkele maanden wordt Aicha zwanger. Het huwelijk is al lang geen rozengeur en maneschijn meer. Van de lieve man die ze in Marokko heeft leren kennen, blijft niet veel meer over. Wanneer haar echtgenoot verneemt dat ze zwanger is, probeert hij eerst door haar een aantal rake klappen uit te delen de zwangerschap te breken. Wanneer dat niet lukt, probeert hij haar te dwingen een abortus te ondergaan. In België lukt dat niet. De verschillende ziekenhuizen weigeren omdat er geen toestemming is van Aicha. In Nederland lukt het wel om haar te dwingen een abortus te ondergaan. Ondertussen zijn haar ouders gealarmeerd in Marokko, via de Marokkaanse ambassade in België die op hun beurt de politie verwittigen. De politie gaat ter plaatse en vindt Aicha in een erbarmelijke situatie en besluit haar in een vrouwenopvangcentrum onder te brengen. Een paar weken later ontvangt ze 'een bevel om het grondgebied te verlaten' omdat ze niet meer samenwoont met haar echtgenoot! Volgens de wet moet ze terug naar Marokko. Normaal draagt Aicha altijd een hoofddoek, maar wanneer we voor de eerste maal voor een bijzondere Commissie moeten verschijnen, die over haar verblijf moet beslissen, draagt ze er geen en is ze Europees gekleed. Een hele metamorfose. Ik vraag haar naar het waarom van deze gedaantewisseling. Ze wil het risico niet lopen dat ze negatief beslissen omwille van het feit dat ze niet westers gekleed is en dus niet geïntegreerd.

Zeineb is een ander verhaal. Zeineb komt op consultatie begeleid door een vrouw die haar onder haar hoede heeft genomen. Ze heeft Zeineb leren kennen rond het Zuidstation in Brussel, waar Zeineb bedelde. De vrouw gaf haar een muntstukje en Zeineb bedankte haar in het Arabisch. Choekran! 'Hé,' zei de vrouw, 'wat doet een Arabisch sprekende jonge vrouw hier op straat?' Zeineb deed haar verhaal. Ze komt uit een arm Algerijns gezin. Haar ouders wonen nog altijd in de buurt van Algiers. Ze is naar Brussel gelokt onder het mom van een au pair contract, er is haar voorgespiegeld dat ze twee kleine kindjes onder haar hoede zou krijgen en dat ze een opleiding zou kunnen volgen om Frans te leren. In België aangekomen blijkt dat ze overdag in een hotel moet werken dat de familie runt. 's Avonds is ze het huisslaafje. Van een opleiding wordt niet meer gesproken. Ze mag geen contact hebben met buitenstaanders, ze leeft totaal geïsoleerd. Wanneer ze ziek wordt van uitputting, blijkt ze de symptomen van tuberculose te hebben. Ze is voor de familie niet meer van nut, ze kost meer dan ze opbrengt en dus beslissen ze haar te dumpen aan het Zuidstation. Terwijl ik dat verhaal hoor, merk ik dat Zeineb even oud is als ik. Met moeite kan ik mijn tranen bedwingen. Maar ik wil professioneel zijn en niet huilen. Als ze vertrekt, veeg ik toch een traan van mijn wang.

Twee verhalen van immens leed en onrechtvaardigheid. Twee verhalen waar ik heel veel energie en juridische spitstechnologie heb ingestoken. Ik heb geweigerd mij neer te leggen bij de feiten. Twee verhalen die uiteindelijk positief zijn afgesloten. Voor mij zijn daar de kiemen gelegd om mee te ijveren voor de oprichting van het 'Steunpunt allochtone meisjes en vrouwen', waarvan ik later voorzitster ben geworden. Het steunpunt ondersteunt het emancipatie- en participatieproces van allochtone meisjes en vrouwen door enerzijds in te spelen op specifieke noden en behoeften en anderzijds het zichtbaar maken van deze groep binnen onze samenleving. Als voorzitter heb ik getracht de diversiteit binnen de groep allochtone vrouwen zichtbaar te maken. Onze strategie bestond erin om ons niet in een defensieve rol te laten drukken, maar actief de media op te zoeken om het clichébeeld van 'onderdrukte vrouw die slachtoffer is' te ontkrachten. Wanneer ik politiek actief word, moet ik deze functie met spijt in mijn hart opgeven.

Al maanden brak ik me het hoofd over de vraag hoe ik de Iraanse Nobelprijswinnares voor de Vrede en vrouwenactiviste Shirin Ebadi naar Brussel zou kunnen krijgen. Op het ogenblik dat ik tot actie wilde overgaan, kreeg ik een telefoontje van het kabinet van de toenmalige Federaal Minister van gelijke kansen, Marie Arena. Volgende maand komt Shirin Ebadi naar Brussel en de minister zou graag hebben dat ik haar inleid in het Nederlands. Het is voor mij een grote eer en natuurlijk accepteer ik.

Zo sprak ik op dinsdag 23 februari 2004: ‘Velen hier aanwezig zullen mijn grote bewondering delen voor het parcours dat Mevrouw Ebadi heeft afgelegd, en de manier waarop ze mensenrechten, en dus ook vrouwenrechten bespreekbaar maakt en uiteindelijk ook afdwingt. En dat met de dialoog als voornaamste wapen. Zelf stelt ze dat ze geen symbool wil worden, waarmee ze wil zeggen dat mensen moeten leren naar zichzelf te luisteren, en niet naar leiders.

Een belangrijk credo van Mevrouw Ebadi is dan ook: “Mensen moeten vrij leren denken”. Dit is geen theoretische of louter intellectuele oefening, maar een leidraad waaraan heel concrete en zelfs actuele thema’s kunnen worden afgetoetst. Denken we maar aan het recente debat, in België en andere Europese landen, over de hoofddoeken. Daarover zegt Mevrouw Ebadi: “Vrouwen de toegang verbieden omdat ze een hoofddoek dragen is precies hetzelfde als de hoofddoek verplichten.” Waaraan ze de volgende retorische vragen toevoegt: “Is het ooit gebeurd dat mannen worden gedwongen folkloristische kleding te dragen? Zijn mannen, waar dan ook ter wereld, ooit gedwongen een pak aan te trekken? Waarom zijn er altijd begrenzingen voor vrouwen en niet voor mannen?" Shirin Ebadi gelooft in vrijheid. Vrijheid om de hoofddoek af te doen én vrijheid om de hoofddoek op te zetten.'

Op kantoor krijgen we een nieuwe stagiaire. Het blijkt iemand te zijn uit de Franstalige Gentse bourgeoisie met een klinkende naam, wiens grootvader een eminent professor staatsrecht was. Ze is het gewoon met de nodige egards behandeld te worden, wat impliceert dat ze vrijgesteld wordt van een aantal onaangename werkjes waar een stagiaire normaal door moet. Het klikt niet tussen haar en mij. Ze koketteert veel te graag met haar afkomst en denkt dat daar nog altijd voorrechten aan verbonden zijn en soms krijgt ze die ook. Het confronteert mij met mijn afkomst: de Mechelse volkswijk. De afstand tussen die twee werelden is te groot en ik besef dat de bourgeoisie die andere klasse nodig heeft om op neer te kijken en zich zelf te op te waarderen. 'Waarom is er een Franse sprekende bourgeoisie in Gent?', vraag ik me af. En hoe zit dat met de taalkwestie? Dat brengt mij bij collaboratie, repressie, onderdrukking, ontvoogdingsstrijd. Kortom, de recente geschiedenis van België. Een geschiedenis die niet de mijne is, maar waar ik wel mee geconfronteerd word. Soms uitgesproken, meestal stilzwijgend. De geschiedenisboeken die ik over dit onderwerp lees, geven me duidelijke feiten zonder dat ik er emotioneel van word. Tot ik het boek *Het Belgisch labyrint* van Geert van Istendael lees. Hij geeft niet alleen de feiten, maar legt ook de ziel bloot van wat België en dus ook Vlaanderen is.

Door het boek begrijp ik beter de situatie van de Vlaming, die mij heel erg doet denken aan die van de Berbers.

Een vrijdagavond laat in 1998. Ik heb een hectische dag achter de rug. In de sofa vecht ik tegen de slaap, terwijl ik toch probeer mijn krant te lezen. Mijn oog valt op een kleine advertentie die aankondigt dat een 'groep onafhankelijken morgen om 11 uur een eerste publieke meeting houdt. Ik ben nieuwsgierig en besluit ernaartoe te gaan. Ik ben zeer gecharmeerd door de mensen die ik er aantref. Geert van Istendael, Marcel Rijdams, Kris Kesteloot, Louis Van Geyt, Anne Grauwels, Myriam Stoffen en vele anderen. Intellectuelen, basiswerkers, vakbondsmensen die zich willen engageren voor Brussel en op de politiek willen wegen tijdens de regionale verkiezingen van 1999. Daarvoor is er een kartelafspraak gemaakt tussen socialisten en groenen, met de onafhankelijken als bindmiddel. Ik word actief binnen deze beweging, zonder enige ambitie om op een politieke lijst te figureren. Gauw krijg ik echter de vraag of ik de onafhankelijken wil vertegenwoordigen op de roodgroene lijst en krijg de vierde plaats aangeboden. Ik ben niet happig op het idee om als *excuus-Truus* te dienen, dat spreekt mij allerminst aan. Jong, vrouw en allochtone: de gevestigde politieke klasse van die tijd probeert je te reduceren tot die uiterlijke kenmerken. Dat je intelligent bent en een visie hebt op de samenleving is eerder een handicap. Uiteindelijk ga ik er toch voor omdat ik mijn kop niet in het zand wil steken voor de immense problemen waar Brussel mee te kampen heeft.

Campagne voeren heb ik graag gedaan, maar op mijn 'eigen' manier, tot wanhoop van vele geroutineerde politici. Ik voelde me daarenboven bij elke verkiezing gedragen door een enorme groep sympathisanten en vrijwilligers, waarop ik tijdens de campagne kon rekenen en die zich vaak spontaan aanboden. Ik focuste op de noden van de Brusselaars en bedacht haalbare, realistische oplossingen. Ik hield van het directe contact met de kiezer en bedacht verschillende manieren om in discussie te gaan met mijn potentiële kiezers. Zoals politieke *tupperware* avonden die vrienden en sympathisanten organiseerden waar je in een gemoedelijk sfeer een gesprek met je eventuele kiezers kan hebben. Zo heb ik vele Brusselse huiskamers leren kennen. Tijdens die ontmoetingen schuwde ik geen kritiek. Soms had ik het gevoel dat sommige mensen 'alles' van de politiek verwachten. Ik antwoordde dan met een vraag: 'en wat gaat u aan het probleem doen?'

Er waren ook de echte debatavonden waar ik mijn visie kon uiteen zetten. Markten afschuimen lag me minder, maar ik was actief via mijn website die heel wat informatie bevatte over mijn visie op Brussel. Geert van Istendael en Benno Barnard schreven mij tijdens de campagne wekelijks een brief, die op de website verscheen. Ik hou ervan dat ze me scherp houden. Ik herinner mij een politica die me tijdens mijn eerste campagne vroeg: 'Yamila, kan je niet gewoon wat populairder doen? Inhoud is heus niet zo belangrijk.' Ze heeft uiteindelijk minder stemmen gehaald dan ik, maar ze zetelt wèl in het parlement.

Verkiezingsavond. In stilte doe ik een prognose: 400 stemmen als nieuwkomer en relatief onbekende persoon zou ik een bevredigend resultaat vinden. En ik zou zonder al te veel schaamte mijn politieke vuurdoop krijgen. De kiezer besliste er anders over: meer dan 1.621 Brusselaars schonken mij hun vertrouwen. Ik werd gekatapulteerd van nobele onbekende naar de top 6 van de Vlaamse Brusselse politici. Maar ik ben net niet verkozen.

Ik herneem mijn job als advocate en ben parttime verbonden aan het Vlaams Minderhedencentrum. En engageer mij in verschillende Brusselse organisaties, zoals het Steunpunt Allochtone meisjes en vrouwen en de organisatie Emancipatie via Arbeid. Ik ontmoet er Tarik Fraihi en Selahatin Kocak. We delen dezelfde visie over het failliet van de integratiesector. We worden compagnons de route.

Zomer in Brussel is terrastijd. Ik kom een oude bekende tegen en we praten over koetjes en kalfjes. Hij signaleert me dat de Minister van Sociale Zaken en Pensioenen een heuse Task Force aan het oprichten is om 'zijn' Belgische Voorzitterschap van de Europese Unie voor te bereiden. Ik besluit mijn curriculum vitae op te sturen en word uitgenodigd voor een gesprek. De vonk slaat meteen over.

Ik ervaar de tijd op het kabinet van Minister Frank Vandenbroucke als een enorme leerschool. Het is een intense tijd. Fijne collega's zijn later vrienden geworden, zelfs diegene die op een bepaald moment een ringmap naar zijn hoofd geslingerd kreeg. Ja, van mij. Ik kreeg er de kans om vóór, tijdens en na het voorzitterschap van België de vele Europese Sociale beleidskwesties van op de frontlijn te volgen, en waar mogelijk bij te sturen.

Maar ik ben aanvankelijk onzeker en vertwijfeld. De kabinetschef, Frank Van Massenhove, merkt mijn aarzeling en geeft me vertrouwen en verantwoordelijkheden. Door hem ben ik enorm gegroeid en misschien heb ik dat te weinig laten merken. Hij heeft mij heel wat meegegeven. Mijn eerste kennismaking met Minister Vandenbroucke verloopt onwennig. Ik ontmoet hem in de gang aan de fotokopiemachine. Ik aarzel. Zal ik mij voorstellen? Is het wel geoorloofd om hem als eerste aan te spreken? Wat moet ik zeggen? 'Dag Frank, ik ben Yamila en ik werk hier?' Ik knik dan maar vriendelijk goedendag en krijg hetzelfde terug. Het ijs is gebroken. Ik kan op het kabinet mijn talenten botvieren. Ik ben inhoudelijk bezig, organiseer graag, werk doelgericht en planmatig: vaardigheden die onontbeerlijk zijn voor het Europese Voorzitterschap, dat aan een zeer hoog tempo voortraast. Je krijgt immers maar zes maanden de tijd om je doelstellingen te realiseren. Minister Vandenbroucke is zeer ambitieus in de prioriteiten voor een sociaal Europa. Armoedebestrijding moet ook een Europese bekommernis worden; over pensioenen moet Europa nu eindelijk eens met één stem gaan spreken; en de Europese wetgeving die ervoor zorgt dat je je sociale zekerheidsrechten overal in Europa mee kan nemen, is dringend aan modernisering toe. Met als kers op de taart: de uitbreiding van deze Richtlijn naar onderdanen van niet-Europese landen. Concreet: Marokkaanse ouders die in België wonen en werken en dus ook belastingen en sociale bijdragen betalen, zullen vanaf nu, net zoals Belgen, gewoon het kindergeld blijven ontvangen als hun dochter in pakweg Engeland gaat studeren. Geen Europese peptalk dus, maar Europese wetgeving met concrete gevolgen. Wat voelt het goed om zoiets mee te kunnen realiseren. En het wàs een huzarenstukje, aangezien dit dossier al jaren op het veto van het Verenigd Koninkrijk en Denemarken stuitte. Maar dit keer is dat buiten het onderhandelingstalent en de overredingskracht van Minister Vandenbroucke gerekend. De Deense Minister probeert tot op de beslissende Europese ministerraad het been stijf te houden, maar wordt uiteindelijk door Vandenbroucke schaakmat gezet. Applaus op alle banken, eelt op een Deense ziel.

In december 2002 ben ik op de VRT voor een opname van het televisieprogramma 'Nachtwacht', over de vraag of allochtone vrouwen al of niet worden onderdrukt. Wanneer de opnames erop zitten, komt Filip Feyten naar me toe met de vraag of ik volgende week wil deelnemen aan een speciale aflevering van 'De Zevende Dag', waarin het jaaroverzicht wordt becommentarieerd. Premier Verhofstadt, Kardinaal Danneels en Strafpleiter Jef Vermassen zullen de andere deelnemers zijn. Ik slik, mijn ego is gestreeld, dat wel, maar ik vind dat de overige deelnemers van een veel hoger kaliber zijn en ben bang om dat niveau niet aan te kunnen. Na wat advies laat ik me toch overhalen.

We hebben als samenleving een aantal bijzonder moeilijke weken achter de rug. Mohammed Achrak, een jonge leraar uit Borgerhout werd eind november 2002 doodgeschoten door zijn buurman. Straatrellen waren het gevolg. Abou Jahjah werd in de gevangenis gegooid en verscheidene politici verloren de pedalen. En het lijkt alsof de vloer wordt aangeveegd met een aantal basisprincipes van de democratie, zoals de scheiding der machten. In kwetsbare wijken wonen achtergestelde autochtonen samen met achtergestelde allochtonen, en ze wijzen mekaar met de vinger. Het wij-zij denken viert een hoogmis. We zijn er als samenleving niet in geslaagd om er 'onze' problemen van te maken. Dat is wat ik daar wil vertellen en daarom is het een uitgelezen kans om te beïnvloeden. Vlak voor de opnames ben ik doodop van de zenuwen en vooral bang dat ik zal blokkeren en er geen zinnig woord zal uitkrijgen.

Ik ben al zeer vroeg in de gebouwen van de VRT en als de andere gasten toekomen, gaan ze elk in een andere hoek staan. Waardoor we geen kennis maken. Ik realiseer me dat het voor mij een enorm belangrijk moment is. Wanneer we al in de studio zitten en er nog steeds geen contact is, trek ik mijn stoute schoenen aan en loop langs de premier, de kardinaal en de strafpleiter. 'Mijn naam is Yamila Idrissi.' Ik reik iedereen een hand. Voor mij een mentale overwinning. De opnames kunnen beginnen en verlopen vrij vlot. Daarna wordt er een hapje aangeboden. Ik zit aan tafel met onder andere oud-premier Mark Eyskens. Hij geeft me een compliment over het debat en zegt dat ik talent heb voor de politiek. Ik vraag hem wat de kwaliteiten zijn waarover een politicus moet beschikken. 'Goed kunnen incasseren en tegen de eenzaamheid kunnen, dat zijn de twee kwaliteiten die noodzakelijk zijn,' zegt hij. Beide had ik ondertussen al geleerd...

Geert van Istendael draagt de herdruk van zijn boek 'Arm Brussel' aan mij op met volgende tekst: 'Haar hoop is nieuw, de stad is oud, ooit is zij oud en Brussel nieuw.' Voor mij een ongelooflijke eer en een fantastisch compliment.

Ik word lid van de socialistische partij, wat een evidente keuze is. Het is immers de enige partij die is geboren uit verontwaardiging over de sociale ongelijkheid en de onrechtvaardigheid van een samenleving die niet iedereen gelijke kansen biedt. De timing van mijn lidmaatschap heeft te maken met het voorzitterschap van Patrick Janssens. Ik ben zeer gecharmeerd door de vernieuwingsoperatie die hij inzet.

'We moeten oppassen dat de SP.A geen historische afspraak met de geschiedenis mist,' stelt Patrick Janssens. 'De voorbije tien jaar heeft de partij enorm veel proberen te realiseren maar toch is het duidelijk dat we er niet in geslaagd zijn het correcte, leidende discours uit te dragen over integratie. Dit is voor ons nochtans een ongelooflijk belangrijk thema. Als er ooit iemand de geschiedenis van dit tijdvak schrijft, zal hij vaststellen dat dit het belangrijkste maatschappelijk thema is. Je hebt de migratie met al de samenlevingsproblemen die eruit voortkomen. En je hebt de klassentegenstelling tussen hoog- en laaggeschoolden. Die fenomenen lopen parallel met elkaar en vormen zo de uitdaging van dit tijdvak.'

'Vandenbroucke stuurt een allochtone naar de kamer,' kopt een krant. Ik sta als eerste opvolger voor de federale verkiezingen, maar dat is buiten het Arbitragehof gerekend Die beslist dat de kieskring Brussel-Halle-Vilvoorde en Leuven niet wettelijk is en dus opnieuw in twee aparte kieskringen moet worden verdeeld. Ik beland op een derde, onverkiesbare plaats. Ik haal een zeer goed resultaat, meer dan 5.000 stemmen. Voor Brussel zetelt nu iemand in de kamer die slechts een 600 tal stemmen achter de naam kreeg. Ik ben bijzonder teleurgesteld.

Op 15 november 2003 leg ik mijn eed af als Brussels en Vlaams Parlementslid, als opvolger van Anne Van Asbroeck, zes maanden vóór de regionale verkiezingen van 2004. Ik leef in angst. Slapeloze nachten zijn het gevolg. Ik weet bij god niet hoe de instellingen intern functioneren. Maar ik weet wel dat ik mijn stempel wil drukken. Vol overgave stort ik mij op mijn inhoudelijke speerpunten: tewerkstelling en gelijke kansen. In Brussel is de werkloosheid een drama! Meer dan één Brusselaar op vijf is werkloos. De werkloosheidsgraad bij jonge Brusselaars is zelfs 32.9%. Eén op drie dus, bijna dubbel zo hoog als de jongerenwerkloosheid voor België in het algemeen. Ik wil er een punt van maken, de hoge werkloosheid in Brussel op de agenda zetten, met speciale aandacht voor allochtonen. Daarvoor hanteer ik verschillende kanalen. Via mijn parlementair werk in de Commissie Tewerkstelling. Ik krijg de verschillende hoofdrolspelers rond de tafel en die gesprekken monden uit in het colloquium 'Is de werkvloer sterk genoeg om iedereen te dragen?' Er worden niet alleen vragen gesteld, maar ook oplossingen aangereikt. Dat doe ik ook door de boer op te gaan en gesprekken te voeren met jongeren, met werklozen. Ik wil begrijpen en voelen wat het betekent om werkloos te zijn en door de maatschappij uitgespuwd te worden. Werk is bevrijdend en geeft zelfvertrouwen. Wie zich uitgespuwd voelt, grijpt naar de uiterlijke symbolen van zijn identiteit. En spuwt vervolgens op hen die niet beantwoorden aan die uiterlijke symbolen. Mijn derde punt is het publieke debat rond dit thema aanwakkeren via de media. Opnieuw slaag ik er op relatief korte tijd in.

Vriend en vijand zijn het erover eens dat ik goed bezig ben. Sommige parlementsleden spreken me erover aan. 'Yamila, wat jij doet in een paar maanden tijd dat heb ik nog niet in een jaar gedaan.' Bijna elke avond ben ik op weg en steek er heel veel tijd in om de mensen te overtuigen en dingen te doen bewegen. Wat me aardig lukt. Daardoor steek ik veel minder tijd in netwerken binnen de partij, allianties afsluiten om een goede plaats op de verkiezingslijst af te dwingen. In al mijn naïviteit denk ik dat als ik goed werk lever als parlementslid, de partij dat ook wel zal zien en daar haar conclusies zal uit trekken. Ik ga ervan uit dat het een berekend risico is. Ik ben parlementslid en volksvertegenwoordiger, iemand die goed parlementair werk levert en een grote groep kiezers vertegenwoordigt.

Drie maal zal ik meedoen aan verkiezingen. Drie maal zal ik een zeer goed resultaat halen en drie maal zal er iemand anders het volk vertegenwoordigen die maar een fractie van mijn stemmen behaalt. De kiezer snapt dit niet en ik krijg dan ook heel wat vragen. Ligt het nu aan het kiessysteem of aan de keuzes die een partij maakt? Verontwaardiging is de drijfveer van mijn politiek handelen. Aan politiek doen is voor mij geen droom op zich. Het is een middel om een droom te realiseren... Die droom kan je ook buiten de politiek verwezenlijken, zoals heel wat mensen doen. En misschien maakt dit mij wel atypisch in de politiek.

Maar wat nog veel erger is, we krijgen opnieuw een gitzwarte zondag. De enig zinnige analyse die ik de dagen na de verkiezingen lees, is van psychoanalyticus Paul Verhaeghe.

Hij schrijft: 'Onze democratie stevent af op een failliet. Het volk smeekt weer om gezaghebbende autoriteit. Volwassenen hebben nochtans geen vaderfiguren nodig, zij horen zelf verantwoordelijk te zijn. Onze samenleving is de voorbije jaren echter kinderlijk gemaakt, verwend. Het verwende kind is nu ontevreden. Het mist structuur en veiligheid.

Over het motief van de Vlaams Blok kiezer: 'Het is een onderliggende angst. Een vage angst, niet te definiëren. Iemand die bang is, doet daar twee dingen mee. Hij geeft zijn angst concreet vorm, want een vage angst is verschrikkelijk vervelend. Daarom zoekt hij een object waaraan hij zijn angst kan koppelen. In dit geval is dat het vreemde, dé vreemde, de allochtoon. Ten tweede zoekt hij een persoon, of een groep, die hem tegen zijn angstobject beschermt.

Wij hebben het Blok gebruikt om ons eigen slechte spiegelbeeld weg te sturen. Het Blok vertegenwoordigt een aantal angsten en primitieve reflexen die ook bij ons aanwezig zijn. De normaalste reactie op dat spiegelbeeld is het te weigeren of het te bestrijden bij de andere. De meest volwassen reactie en ook de moeilijkste is dat je het bekijkt, dat je een aantal dingen herkent en dat je zegt: bon het zij zo, maar ik wil niet de Blok-oplossing daarvoor. Het drama van serieuze politici van vandaag is dat zij geen middelen op termijn kunnen inzetten. Politiek voeren, althans een politiek die duidelijke bewegingen in gang wil zetten moet op een termijn tussen tien en vijftien jaar kunnen rekenen op dat effect te laten zien. Wij zitten hier met een soort autofeedbacksysteem. Door het feit dat politici om de vier jaar afgerekend worden, moeten ze maatregelen treffen die binnen die termijn zichtbaar zijn.(‘Maar zelfs dat is voor sommige politici te lang. Sommigen doen aan politiek op het ritme van de media, een persoonlijke scoop voor elke dag. Dat achteraf die scoop niet gerealiseerd wordt, is slechts een detail. We hoeven dan ook niet verbaasd te zijn als mensen niet meer kunnen volgen en uiteindelijk afhaken,’ zo zou mijn persoonlijke aanvulling kunnen luiden.) Zulke remedies zijn per definitie slecht. Goede remedies reiken veel verder, groeien stil, moeten gekoesterd worden en zijn pas helemaal zichtbaar aan het einde van de rit. Helaas, in onze huidige snelle tijd heerst de stelling: wat niet zichtbaar is, wordt niet beloond.’

Ik heb bereikt wat ik wilde bereiken. Dat dacht ik tenminste toen ik eindelijk mijn diploma rechten behaalde. Ik had mijn eigen keuzes gemaakt tegen alle gangbare normen in. Dan denk je overmoedig: ‘I made it!’ Nu besef ik dat een diploma niet voldoende is. Het gaat vooral om vaardigheden op het menselijke schaakbord. Om netwerken die je van thuis uit meekrijgt of gaandeweg zelf opbouwt. Constant heb ik het gevoel dat ik het spel niet beheers. Het gaat niet alleen om de inhoud... Zowel in de advocatuur als later in de politiek heb ik de kans gekregen om met sterke persoonlijkheden samen te werken. Mannen van wie ik veel geleerd heb, naar wie ik opkeek en voor wie ik in volle bewondering stond. En die ik dus ook de ongezonde status van ‘God de Vader’ toekende.

Angst, schuldgevoel en schaamte

schaamte
en
schuldgevoel
Angst,

Relaties. Voor mij het moeilijkste hoofdstuk. Ik heb relaties gehad met Marokkaanse en met Vlaamse mannen. Wees gerust, ik kan ze wel op één hand tellen. Uiteindelijk ben ik getrouwd met een Duitser uit Beieren. H. en ik waren zeven jaar samen en vrij recent hebben we beslist om uit elkaar te gaan. De emoties zijn nog te rauw, te intiem en te onverwerkt om erover te schrijven.

Ik heb dus geproefd van 'de man-vrouw verhoudingen', zowel in de Arabische als westerse wereld. En ook hier stel ik vast dat de wetmatigheden dezelfde zijn, weliswaar overgoten met een andere cultureel sausje, maar de essentie blijft dezelfde. Zowel de traditionele islamitisch moraal als de katholieke, protestantse of joodse moraal, zijn een verbodsmoraal. Al die morele systemen hebben bovendien een gemeenschappelijke achtergrond, waarbij de vrouw het onderdrukte slachtoffer is. Vanaf mijn eigen puberteit heb ik de angst ervaren voor mijn lichaam dat vrouwelijke vormen kreeg. Vormen die me ten schande maakten en indruisten tegen alle taboes. Mijn lichaam werd mijn ergste vijand. Ik moest het vooral verborgen houden voor mijn vader, voor onbekenden. Vaak liep ik voorovergebogen en droeg veelal jongensachtige kledij die mijn vrouwelijke vormen verborgen.

Taboe. Emoties. Mijn moeder heeft nooit geweten dat mijn man en ik problemen hadden, tot op het ogenblik dat we uit elkaar gingen. Moeders willen dat hun dochters zwijgen, de problemen niet uitspreken. Alles wat met seksualiteit te maken heeft, is taboe en kan de familie ten schande brengen. Het maagdenvlies is de eer van de familie en dus worden meisjes vanaf de puberteit zeer streng bewaakt door de mannelijke familieleden, maar ook door hun moeders.

Zonder chaperonne mag een pubermeisje niet meer naar buiten.

In mijn uitgebreide familie zijn gearrangeerde huwelijken de meest voorkomende. Zelden onder dwang, maar zeer uitzonderlijk komt het toch voor. Persoonlijk heb ik dat niet meegemaakt. Ik heb wel verschillende aanzoeken gekregen op de traditionele manier. Maar steeds wist ik die te omzeilen. Studeren bijvoorbeeld, was een goed excuus. Hoewel het elke keer spannend was en ik altijd blij was als die momenten voorbij waren. Altijd bang dat mijn ouders uiteindelijk zouden zwichten. Af en toe is dat bijna gebeurd. Het is ook niet zo dat ik heb moeten vluchten voor eerwraak omdat ik de familie ten schande heb gemaakt. Mijn verhaal is dus weinig sensationeel en er is helemaal geen overeenkomst met het heersende stereotiepe beeld dat we van Marokkaanse vrouwen hebben.

Midden 2004 dacht ik verschillende troeven in handen te hebben. Ik was in staat om veel van iemand te houden en had bovendien een job die ik hartstochtelijk graag deed. Bijna op hetzelfde moment vielen beide steunpunten weg. Ik had het gevoel 'alles' gegeven te hebben, zowel in de politiek als in mijn privé-leven, en toch bleef ik in beide gevallen met lege handen achter. Met het afschuwelijke gevoel dat er niks voor mezelf is overgebleven. Er is rust nodig om naar de onrust in mezelf te luisteren. Ik besluit deze innerlijke ruis – die ondertussen luid tromgeroffel is geworden – niet te smoren door het te overschreeuwen, maar ernaar te luisteren en er stil bij te staan. Voor een controlefreak als ik is dat niet evident, maar tegelijk besef ik dat het een scharniermoment is. 'Oud worden doe je niet geleidelijk maar in schokken,' zei een vriendin me onlangs. Een waarheid als een koe, besef ik nu zelf.

'Er zijn momenten dat je je zo vervreemd en zo verwijderd voelt van je eigen verlangens dat je de gave verliest gewoonweg te leven,' zo schrijft Kureishi. Voor mij is dit nu zo'n moment.

Mijn leven is geen botsing van culturen, maar veeleer een synthese van ongelijke elementen: het theater, de moskee, twee of drie talen, jeans en kaftans, Arabische erotiek. Mijn uitgebreide familie en mijn Belgisch individualisme leven in mij in harmonie met elkaar.

Ik had H. leren kennen in de avondschool Frans. Tijdens de pauze stond hij plots achter me en zei: '*Hall anti atakalem a loga elarabia?*' Spreek jij Arabisch? Ik draaide me om en verwachtte een Omar Sharif te zien. In de plaats daarvan zag ik een blanke blonde man met blauwe ogen, en in die ogen zag ik onschuld en vertrouwen. We raakten aan de praat, hij was in Brussel om een stage te volgen aan een Europese koepelorganisatie van milieu-NGO's. We spraken regelmatig af. Hij fascineerde me, ik vroeg me af wie deze Duitser, die Arabisch sprak, was.

Arabisch had hij aan de universiteit van Freiburg en in Egypte geleerd. Hij vertelde me ook dat hij een wereldreis had gemaakt. Eerst Noord-Afrika, daarna West-Afrika, Egypte, India, Nepal, China, Siberië, Moskou en Berlijn. Zijn eindstation was München, de stad waar hij geboren is. Ik hing aan zijn lippen en werd verliefd op die man van de wereld, die letterlijk en figuurlijk geen grenzen kende.

Op dat ogenblik had ik net een relatie beëindigd met T., een briljante ingenieursstudent. Ik ontmoette hem aan de universiteit tijdens mijn studie rechten. Wekenlang had hij geprobeerd om me voor zich te winnen, te verleiden. Wat zouden mijn ouders daarvan gedacht hebben, dat ik zo de eer van de familie helemaal ten schande zou brengen? T. was mijn eerste Vlaamse vriendje, gelukkig hebben mijn ouders het nooit geweten. T. was een heel bezorgd type. Alles wou hij voor me doen en dat benauwde me. Zoveel zorg kon ik niet aan. Uiteindelijk besliste ik om een einde aan onze relatie te maken.

Daarentegen was mijn relatie met de Duitse H. *een coup de foudre*. Op dat moment verhuisde ik van Oudergem naar Schaarbeek, in een prachtig appartement aan een van de mooiste lanen van Brussel. Het appartement kon ik voor een appel en een ei huren. H. was ondertussen terug naar Duitsland vertrokken om zijn opleiding af te maken. Hij beloofde daarna terug te keren. Voor hij verliefd op me werd, had hij echter al Brussel als verblijfsplaats gekozen. Ook op Brussel was hij verliefd geworden. Tijdens onze eerste zomervakantie samen, gingen we op reis naar Caïro en aan de oevers van de Nijl heeft hij mij heel romantisch ten huwelijk gevraagd. 'Ja,' reageerde ik enthousiast, beseffend dat ik hierdoor de familiewet en traditie tartte.

Angst, *schuldgevoel* en *schaamte*, dat is wat ik voelde wanneer ik mijn familie op de hoogte moest brengen.

Angst omdat ik niet wist hoe ze zouden reageren, misschien was dit wel de druppel die de emmer deed overlopen. Hoeveel konden ze nog van hun dochter verdragen? *Schuldgevoel* omdat ik wist dat ik mijn ouders heel veel pijn zou doen en omdat ze daardoor opnieuw beschimpt zouden worden, niet alleen door de Marokkaanse gemeenschap in Mechelen, maar ook door mijn familie in Marokko en Europa. *Schaamte* omdat ik opnieuw niet zou beantwoorden aan hun verwachtingen. Maar ik besefte dat ik mijn eigen weg moest gaan en de figuurlijke navelstreng met mijn ouders nu moest doorknippen.

Al zijn de plichten van de ouders tegenover hun kind relatief duidelijk, toch zijn die van een kind tegenover zijn ouders dat minder, vooral naarmate het ouder wordt. *Wat ben je hen precies verschuldigd? Waarom ben je loyaler tegenover je vader dan tegenover jezelf?*

Hanif Kureishi

Eerst vertelde ik alles aan mijn broers en zussen. De meeste gingen akkoord. 'Het is jouw leven,' was het antwoord. Een broer zei me heel bewonderend: 'Je bent zo sterk, ik zou het gewoon niet kunnen.' Sommigen bleven worstelen met mijn keuze, maar op het ogenblik dat ik het mijn ouders vertelde, stonden ze er allemaal om mijn ouders op te vangen. Zoals ik verwacht had, reageerden mijn ouders verbijsterd.

'Hoe durf je ons dat aan te doen, terwijl je hebt mogen studeren! Schaam je je niet?' Tranen, roepen, tieren, scheldtirades. Allerlei listen en smeekbedes om mij van gedachten te doen veranderen. Mijn antwoord was altijd hetzelfde: 'Ik zal niet van mening veranderen, maar indien jullie voorwaarden hebben, dan wil ik daar wel naar luisteren.' Na enkele weken beseften mijn ouders dat het menens was. Hun houding veranderde en het lijstje voorwaarden kwam eraan. Mijn ouders wilden een islamitische ceremonie en mijn moeder wilde een Marokkaans traditioneel trouwfeest.

Die voorwaarden vond ik redelijk, het minimum dat ze konden vragen. H. probeerde ik voor te bereiden door hem in contact te brengen met mannen die dezelfde weg al hebben afgelegd. Huwen met een Marokkaans meisje. H. was daar niet zo voor te vinden. Uiteindelijk waren mijn ouders bereid om H. te ontvangen. Vanaf het ogenblik dat mijn ouders met het huwelijk akkoord gingen, hebben ze zich heel correct gedragen. Ook al kregen ze vaak heel giftige opmerkingen te slikken. Een deel van de familie in Europa zou het contact met hen zelfs een aantal jaren verbreken. Want ik, hun dochter, had het gewaagd de traditie te doorbreken of althans wat men traditie noemt: de eeuwige onderwerping van de meisjes aan de mannen van hun clan. Ze vonden dat mijn ouders te laks waren.

Het huwelijk werd uiteindelijk over drie dagen gespreid. De eerste dag was de dag van de hennaceremonie, waarbij de bruid het einde van haar jongemeisjestijd inluidt en de fase van het vrouwzijn instapt. Ik was in Berberse klederdracht getooid. Mijn handen en voeten werden met henna beschilderd. Wanneer de henna droog is, krijgt ze een oranje kleur. De tweede dag werd het burgerlijk trouwfeest in het stadhuis voltrokken en gaven mijn ouders een lunch voor de familie van H. Een moeilijk, maar tegelijk zeer mooi moment. Moeilijk omdat beide families heel voorzichtig elkaar aftasten, wat kon en wat niet kon. Ze waren trouwens heel beperkt want ze spraken elkaars taal niet. Mooi omdat je beide families ontzettend hun best zag doen. Ze houden van hun kinderen en wilden deze dag doen slagen. 's Avonds werd dan het Marokkaans feest gegeven door mijn ouders. De derde dag gaven wij, H. en ikzelf, een feest in Brussel voor al onze vrienden en kennissen.

Ik had het voordien al geprobeerd om loyaal te zijn tegenover mijn eigen gemeenschap en tegenover mijn familie en dit ten koste van mezelf. Ik wilde immers zo graag aan de verwachtingen van mijn familie voldoen. Onbewust zal dat meegespeeld hebben wanneer ik, jaren geleden, een relatie aanging met L., een Marokkaan uit Mechelen. Hij was een jeugdvriend die ik uit het oog verloren had. Regelmatig kwamen we elkaar tegen op vergaderingen in Mechelen. We hadden allebei gestudeerd, we waren beiden sociaal geëngageerd en vooral, we waren Marokkaans. We werden verliefd op elkaar en begonnen een geheime relatie, want hij wilde het niet publiek maken en dus ook geen enkel engagement aangaan. Aantrekken en afstoten was de cadans van deze relatie. Tot ik besefte dat hij eigenlijk jaloers was en in mij eerder een rivale dan een geliefde zag. Ik was te sterk en dus te bedreigend en ik was te blind om het te zien. Al te graag wilde ik die relatie doen slagen, achteraf denk ik dat ik vooral aan de verwachtingen van mijn ouders wilde voldoen. Want ik was ervan overtuigd dat ze enkel een Marokkaan zouden accepteren. Als L. niet kwam opdagen of veel te laat op onze afspraak verscheen, dan gebruikte hij meestal het excuus dat hij weerhouden was op een of andere 'belangrijke' vergadering. Natuurlijk dekte ik met de mantel der liefde alles toe en vergaf hem grif, want hij was immers de wereld aan het redden. Ik begon zelfs aan mezelf te twijfelen. Was ik niet al te ambitieus? Moest ik L. niet eerder ondersteunen in plaats van zelf een carrière uit te bouwen?

Het werd vakantie. L. vertrok naar Marokko. Bij zijn terugkomst liet hij niks meer van zich horen en ik vertikte het om met hem contact op te nemen. Hij was te laf om met me af te spreken en een einde aan onze relatie te maken. Met moeite en afkeer en vooral met mijn laatste greintje zelfrespect, heb ik die afschuwelijke bladzijde in mijn leven omgedraaid. Af en toe kom ik hem nu nog tegen en zie ik nog steeds de vlotte prater die zich progressief probeert voor te doen. Ik vind hem hypocriet en een opportunist. Ook in de liefde.

Eer en schande zijn in handen van de vrouw. Zij zal de eer van de familie hooghouden of de familie ten schande brengen.

Nog verder terug in de tijd. Mijn allereerste vriend was een vakantielief uit Marokko. K. was twintig en had heel wat dromen. Hij was een gevoelige, dromerige en romantische jongen. Twee zomers lang hebben we uren gesproken over onze dromen, demonen en toekomstperspectieven. Met op de achtergrond Oum Khaltoum, de Egyptische muziekdiva. Het lied 'Anta Oumri', 'Jij bent mijn leven', hebben we grijsgedraaid. Altijd zijn we voorzichtig geweest. In puriteins Marokko is het *not done* om een vriendje te hebben zonder dat er een engagement aan verbonden is. Tot op een dag, die bepalend zou zijn. Een vooraanstaande familie kwam mijn hand vragen voor hun zoon. Mijn ouders konden niet weigeren zonder dat dit als een afwijzing zou beschouwd worden.

Mijn ouders gaven mij te verstaan dat ze mijn weigering zouden accepteren, maar dat ze zelf de boodschap niet konden overbrengen. Ik moest het doen. Dus ging ik naar binnen en zette me tegenover de man. En met mijn ogen neergeslagen vertelde ik hem dat ik niet kon huwen met hun zoon, dat ik het heel spijtig vond, maar dat het mijn ambities in de studie lagen. Met een smoes verliet ik het huis.

Ik wist dat K. buiten op de hoek stond te wachten. Blij met de afloop, vlogen we in elkaars armen en kusten we elkaar. Wat ik niet wist, was dat mijn vader en oom iets verderop stonden. Mijn vader kwam naar me toe en gaf me meteen een klinkende oorveeg, overigens de enige klap die ik ooit van hem zou krijgen. Hij sleurde me mee naar binnen. 'Jij hebt onze familie te *schande* gemaakt.' De volgende dag al vertrokken we naar België, zonder dat ik van K. afscheid had kunnen nemen.

Thuis werd ik heel kort gehouden, want ik had het vertrouwen van mijn vader geschonden. Mijn post werd gecontroleerd en ik werd zelf ook heel goed in de gaten gehouden. Maar ik liet alles over me heen komen, want ik wist dat ik tot de volgende vakantie, tot juli moest volhouden. Dan zou ik K. opnieuw zien. Ik telde de dagen af. Eindelijk waren we terug in Marokko. De eerste dag kwam mijn nicht op bezoek. Na de gebruikelijke begroeting dronken we thee. Spontaan begon ze de plaatselijke roddels te vertellen: 'Weet je het al van K.? Hij heeft zich vorige week verloofd.' Het huis begon te tollen. Alsof er niks aan de hand was, dronk ik verder thee, maar van binnen kreeg ik het benauwd, ik moest zo vlug mogelijk naar buiten. Hij had dus niet gewacht. Ik sloot me in mijn kamer op en huilde hartverscheurend. Liefdesverdriet met volle stromen. Dat kon toch niet! Ondertussen waren mijn ouders ook op de hoogte van K's verloving en mijn vader maakte er een aantal giftige opmerkingen over. Tevergeefs probeerde ik K. te bereiken, het is me niet gelukt. Tegen het einde van de vakantie, die ondertussen een nachtmerrie was geworden, kon ik hem heel even onder vier ogen spreken. 'Ik kon niet tegen die stilte, tegen het wachten.' Het waren zijn laatste woorden met mij.

Deze ervaring heeft me wijzer gemaakt, ik ben er nu wel achtergekomen dat 'vrijheid' een illusie is, ook in relaties. Je denkt dat je vrij een partner kiest, maar dat is niet zo. Veel wordt bepaald door je opvoeding, het milieu waar je uit komt.

Koel, moeilijk en arrogant noemen mensen mij wel eens. Koel en arrogant?Ik ben daar altijd verbaasd over, maar wellicht is dat wel de indruk die mensen die me niet goed kennen van mij hebben wanneer ik onzeker ben. Dan sluit ik mij af en gaan de deuren dicht.

Vele heilige huisjes heb ik ondertussen ingetrapt. Ik ben de eerste vrouw van de Idrissi-clan uit Imrabten, Marokko, die universitaire studies heeft gedaan, die zelfstandig haar eigen boontjes kan doppen. Maar ik ben ook de eerste van de clan die de huwelijkstradities heeft doorbroken en gehuwd ben met de man van mijn eigen keuze. Een Europeaan dan nog wel. En dit tegen alle gangbare normen in.

Wanneer ik mezelf onder de loupe neem, dan zie ik een vrouw met doorzettingsvermogen, iemand die moed heeft. Ik zie ook een vrouw die in het verleden veel te veel heeft willen voldoen aan de verwachtingen van de directe omgeving, van de tradities, en daardoor haar eigen verlangens negeerde en zichzelf dreigde te verliezen. Ik zie ook een vrouw die haar demonen tracht te verslaan, probeert te overwinnen. Maar slaag ik daar ooit in?

Tot slot

Om Hanif Kureishi in zijn boek 'Mijn oor aan zijn hart' te parafraseren: er werd gezegd dat wij niet wisten waar we bij hoorden, dat we vis noch vlees waren. We werden vaak de 'tweede generatie-immigranten' genoemd, want er mocht vooral geen misverstand bestaan over het feit dat we eigenlijk niet in België thuishoorden.

We waren 'Belgische kinderen zonder thuis' en 'gevangen tussen twee culturen', hoor ik vaak. Dat klopt niet. Het is voor ons juist makkelijker geweest dan voor onze ouders. Voor hen was België echt een vreemd land en het was heel moeilijk om het gevoel te hebben dat ze bij een maatschappij hoorden. Om aanvaard te worden.

Vooral als je elders geboren bent en een groot deel van je leven ook daar hebt gewoond en je zelfs van plan bent om terug te keren, terug naar huis... Maar toen ze eenmaal hier waren, bleven velen voorgoed, want ze konden niet meer terug. De kinderen, het werk. Bij het ouder worden, ontdekten deze migranten dat ze eigenlijk geen eigen plek hadden veroverd in België. Ze misten teveel hun thuisland en hadden België altijd gezien als een langdurig tussenstation. Niet als de laatste rustplaats die het uiteindelijk werd.

Nu is mijn hoop nieuw, het land is oud. Ooit ben ik oud en het land misschien nieuw. Naar analogie van wat Geert van Istendael zo treffend verwoordde over Brussel.

Op mijn trouwfeest in Berberklederdracht.

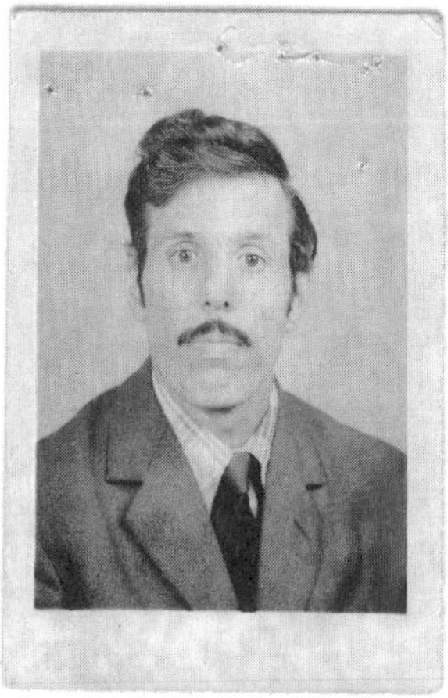

1. Mijn vader, Idrissi Haddou, begin jaren '60. | 2. Mijn grootvader (langs moeders kant) Abdelkader en mijn neef Moestafa. | 3. Van links naar rechts : mijn broers, de tweeling Hamid en Halid, en Benaissa.

4. Imrabten, in het rifgebergte, het dorp van mijn ouders waar ik geboren ben en al mijn zomervakanties als kind doorbracht.
5. Van links naar rechts : ikzelf, mijn broer Benaissa en mijn zussen Hakima en Malika.

Mijn oprechte dank gaat uit naar Tessa Vermeiren, Paul Verhaeghe, Herman Frooninckx, Martine Mosselmans, Mattie Jacobs, Joke Quintens, Bart Vanhercke, Raf Sonneville, Els Flour, Lucas Catherine, Monique Lenaerts, Jean-Paul Mulders, Jennie Vanlerberghe en de mensen van het stadsarchief Mechelen.

Aan de
ander kent
men zichzelf

Aan de
ander kent
men zichzelf

Met dank aan mijn tantes Caroline (overleden op 28 mei 2005), Lea en Godelieve Vermeiren en aan mijn oom, Theophiel Saeys, voor de dagboeknotities, de gesprekken en de foto's.
Aan mijn broer, Karel Vermeiren, aan Jozef Mampuys, Jo Van Eetvelt, Achiel Vermeiren en Guido Van Doorslaer, voor het aanbrengen van onmisbare detailinformatie.
Bijzondere dank aan Paul Verhaeghe en Jean-Paul Mulders voor het meelezen, meevoelen en meedenken tijdens het schrijfproces.

5. Van links naar rechts : mijn tante, Caroline Vermeiren, ikzelf en mijn grootmoeder, Nathalie Verhavert, bij ons thuis in het tuintje op de dag van mijn plechtige communie. | 6. 1 juli 1965. Van links naar rechts : Hilda Bogaerts, Erna Amelinckx, ikzelf en Jan Sebrechts, de directeur van het Sint-Angela-Instituut. Een onvergetelijke dag in Reims, cadeau van een onvergetelijke man. | 7. 25 juli 1970 in Casinetta di Biandronno aan het Lago Maggiore. Ik (rechts) ga als kersvers journalist op bezoek in het bedrijf dat ik twee maand eerder als jongste bediende verliet.

1. Zomer 1944 : Petrus Vermeiren met zijn jongste zus, Godelieve, toen 14 jaar oud. | 2. Mijn grootouders, Trees Pepermans en Charel Saeys, met hun dochters Louise, mijn moeder, en de baby Henriette. Het portret werd gemaakt in Londen in 1918. | 3. 1957 : mijn grootmoeder Nathalie Verhavert, met op haar arm een van haar jongste kleindochters, Viviane Vanhenden. | 4. 16 september 1939. Petrus en Louise op hun trouwdag, allebei 25 jaar oud.

Mijn eerste officiële portret. De pop was van de fotograaf.

de vrijheid en de wijde horizonten te gunnen die ik zelf zo zwaar heb moeten bevechten.

't Woord heeft het eerste en het laatste woord.
Daartussen valt een ideaal aan scherven,
planten zich reeksen generaties voort,
wier eigenschappen ik moest overerven.

Gerrit Achterberg

Ondertussen ben ik er al lang achter gekomen dat ik geen slechtere moeder was dan vele anderen. Eén van mijn zonen heeft het later in zijn leven erg moeilijk gehad door mijn keuze van 21 jaar terug. De oudste kwam op zijn achttiende weer bij mij wonen. Maar ik hoop en weet dat ook zij allebei nu beseffen dat wat misging alles te maken had met mijn eigen radeloosheid en verwardheid.

Pas na het overlijden van mijn vader heb ik de moed gehad om te worden wie ik van jongs af had willen zijn: iemand die zich geen wetten laat stellen. Iemand die vrij denkt en dwars durft te liggen. Symbolisch is dat lange proces afgesloten op mijn eenenvijftigste, toen ik werd ingewijd in de vrijmetselarij. Naar mijn gevoel heb ik nooit zo dicht bij mijn vader gestaan als op dat moment. Mijn eigen, lang uitgestelde, weloverwogen keuze voor een gedachtegoed dat de vrijheid, de gelijkheid en de broederschap onder de mensen vooropstelt.

Nog steeds ben ik de *Einzelgänger* die ik als kind al was. Hoe graag ik dat ook wil doorbreken, het is me nooit ten volle gelukt. Hoezeer ik in de afgelopen jaren ook heb geleerd de waarde van vriendschap te beseffen. Hoezeer ik ook ervaren heb dat verbondenheid met mensen niet noodzakelijk bepaald wordt door familiebanden, maar veeleer en veel waarachtiger door bewuste keuzes in vrijheid. Dat *kracht* uit jezelf kan komen als je maar durft diep te graven, durft te accepteren dat wie je was altijd deel zal zijn van wie je geworden bent. Dat je zonder je verleden te verloochenen, totaal andere keuzes kunt maken dan die van je ouders. Dat de *schoonheid* van het leven niet alleen in de vreugde ligt, maar ook in doorvoelde pijn. Als ik al enige *wijsheid* heb vergaard in mijn leven, dan hoop ik die te kunnen doorgeven aan mijn kinderen en kleinkinderen. Ik hoop hen

had. Het missen van die moeder zou van mij op mijn beurt een gemiste moeder maken. Tragedies worden doorheen de generaties doorgegeven.

Mijn emotionele verlamming mondde uit in een depressie. Ik ging in therapie, een zoektocht naar degene die ik ooit geweest was en had willen worden. Naar mijn vader. Naar wat ik onderweg was kwijtgeraakt en naar hoe ik daarmee opnieuw voeling zou kunnen krijgen. Het onvermijdelijke kwam na een tijd in zicht. Ik kon niet doorgaan met een huwelijk waarin ik nooit mezelf was geweest. Echtscheidingen zijn afschuwelijke processen. Ook als er van beide kanten bereidheid is om elkaar zo weinig mogelijk pijn te doen.

Ik voelde mij zeer schuldig over het feit dat ik te lichtvaardig was getrouwd. Ik voelde me schuldig over het feit dat ik de droom van mijn man aan diggelen sloeg. Ik voelde me mislukt als vrouw en als moeder. En ik was bang, doodsbang voor de toekomst. Mijn man leek veel stabieler dan ik.

En toen maakte ik, om al die redenen misschien, wel de grootste fout uit mijn leven. We besloten in onderling overleg dat de kinderen samen met hun vader in ons huis zouden blijven wonen. In het weekend zouden ze bij mij zijn. Zo verliep het. Ik begon opnieuw met vrijwel niets, behalve wat eigen spaarcenten. Ik was 35, mijn zonen 8 en 12. Van co-ouderschap was toen nog geen sprake. Ik woonde in een sober appartement, ingericht met basiscs van Ikea en tweedehandsspullen van de uitdragers op de Vrijdagmarkt. Het was november toen ik alleen ging wonen, op de symbolische *Onafhankelijkheidslaan*. Voor de grote ramen van mijn flat stond een enorme kale tamme kastanje. Ik voelde mij als die boom, in winterslaap, en geloofde nauwelijks dat er ooit nog een lente zou komen.

nauwelijks mensen te ontvangen omdat ik niet wist hoe ik dat moest doen. Ik had het thuis immers nauwelijks gezien. Stilaan leerde ik bij, vooral van mijn schoonmoeder. Mijn radeloosheid was bij momenten erg groot, maar erover praten kon nauwelijks. Problemen werden altijd opnieuw onder de mat geveegd.

Ik had toen ook geen vriendinnen. Behalve een paar collega's bij *Libelle*, was er niemand die wist hoe slecht ik mij voelde. De affaire die ik het laatste jaar van mijn huwelijk had, bood hoogstens wat lichamelijke troost, zeker geen uitweg voor mijn eenzaamheid.

De dood van mijn vader in 1984 betekende een absoluut keerpunt in mijn leven. Mijn vader was, in de acht jaar dat hij nierdialysepatiënt was, fysiek spectaculair afgetakeld en moreel compleet verslagen. In de maand voor zijn overlijden, op 29 februari – hij was toen opgenomen in het Gentse Universitair Ziekenhuis – hebben we veel gepraat. Over zijn leven, over het mijne. Spijt was het overheersende gevoel. Spijt over de dingen die hij niet had kunnen doen, over de beslissingen die hij niet had durven te nemen, over de dingen die hij niet had durven te zeggen tegen mensen, over de reizen waarvan hij had gedroomd en die hij nooit had kunnen of durven maken. Mijn vader was in de loop van zijn leven zichzelf kwijt geraakt. Ik was bezig hetzelfde te doen en zag geen uitweg.

Na mijn vaders dood probeerde mijn moeder opnieuw haar klauwen op me te leggen. De man die alles voor had gedaan en veel voor haar had gelaten, was weggevallen. Ik zou het surrogaat moeten worden voor de man die ze in haar eenzame cocon had ingesponnen en verstikt. Op alle mogelijke manieren eiste ze me op. Maar ik kon geen moederlijke rol vervullen voor de vrouw die voor mij nooit de moeder was geweest die ik nodig

deauxrode Dafje rondtoerde, waren niet te tellen. Gelukkig was er mijn schoonmoeder die, toen ze hersteld was, op Tom paste, zodat gekke uurroosters, die deel waren van ons werk bij een krant en een weekblad, nooit een hinderpaal vormden.

1976 was een rampjaar. In januari, toen Ruisbroek overstroomde, kreeg ik uit Mariekerke het paniekbericht dat mijn vader in het ziekenhuis was opgenomen, in coma. Ik was een paar maanden zwanger en doodsbang om zowel mijn vader als mijn baby te verliezen. Toen mijn vader het ziekenhuis verliet, bleek dat hij voor de rest van zijn leven nierdialysepatiënt zou zijn.

In juli werd Kim geboren en waren mijn man en ik allebei werkloos door de afwikkeling van het *De Standaard*-faillissement. In september 1975 waren we verhuisd naar de noordkant van Antwerpen, naar alweer een dode buitenwijk. Iets wat ik had laten gebeuren, zonder veel actieve inbreng. Het huis van mijn keuze werd immers door alle anderen afgekeurd.

Opnieuw probeerde ik weer heel hard om de perfecte moeder te zijn. Maar het was niet vanzelfsprekend, ik had immers geen voorbeeld. Ik ging zelfs breien. Een hele bedsprei in bonte kleuren heb ik in die dagen gebreid. Uit pure verveling. Ik kende mijzelf niet meer.

Ik voelde de dode kern in mij groter en groter worden. Maar blijkbaar was ik de enige die een probleem had: volgens mijn man was er niets aan de hand. Het zou allemaal wel overgaan. Ik zou er weer bovenop komen. Verlamd voelde ik mij. Ik kreeg geen wezenlijk contact met mijn man. Hij leek een eiland waar ik omheen vaarde en waar ik nergens een plek vond om aan te leggen.

Ik was er ook van overtuigd dat ik niet kon koken, durfde

de ware was voor mij? De dochter van mijn moeder zei 'ja' en voldeed eindelijk aan haar verwachtingen. De dochter van mijn vader verdween even.

Het huwelijk werd in mineur gesloten op een mistige vrijdag in november. Ondertussen was ik zwanger geraakt net voor ik met de pil had kunnen beginnen. En nadat er al een paar maanden eerder een panieksituatie was, waarbij een met mijn man bevriende apotheker ons 'uit de nood hielp'.

Nadat mijn oudste zoon, Tom, te vroeg en te klein werd geboren in mei 1972, maakte ik mijn eerste intense crisis mee. Ik voelde me opgesloten in het appartement in een doodse buitenwijk van Antwerpen. Verpoot naar de stad, wat ik zelf graag gewild had, zonder de tijd te hebben gehad eraan te wennen. Ik was moeder, maar mijn baby, die ik nog nooit had vastgehouden, lag achter glas in het ziekenhuis. Toen Tom zes weken later thuis kwam, heb ik dikwijls naar hem gekeken en mij afgevraagd wat ik moest voelen als moeder. Van mijn eigen moeder heb ik op dat moment enkel kritiek gekregen op de manier waarop ik de huishouding (niet) runde. Verder moest ik het zelf uitzoeken. Mijn man, met twee zussen die veel jonger waren dan hij en die zich nog veel herinnerde uit hun babytijd, was soms méér moeder dan ik.

Mijn schoonvader stierf toen Tom een paar maanden oud was en mijn schoonmoeder werd manisch-depressief. Ik zat in het oog van een emotionele storm, en voelde me kil en koud.

Ik deed verschrikkelijk mijn best als moeder. Dankzij *Dokter Spock* en *Ouders van Nu* leerde ik snel. Het was ook jongleren met alles: een job, een kind en een man die als sportjournalist heel vaak op reis was en steeds in het weekend moest werken. De talloze weekends dat ik alleen met mijn babyzoon in mijn bor-

Misschien durfde ik het ook niet echt aan, dat andere leven?

Ik was immers groot geworden en dus tot op dat ogenblik klein gebleven in de angst voor het vreemde. Alles wat buiten onze kleine kring lag, leek altijd grote gevaren in te houden. Even had ik dat kunnen overstijgen, even waren de hermetische grenzen van die kleine wereld voor mij open gegaan. Om zich daarna weer verstikkend rond mij te sluiten. Mijn plichtsbesef en angst bleken groter dan mijn zin voor avontuur. Het leek in die keuze niet om mij te gaan, niet om wat ik wilde en voelde. Het leek te gaan om wat ik anderen aandeed, welke richting ik ook insloeg. Ik bleek niet in staat de twee te verzoenen. Of zoals *Hanif Kureishi* het schrijft in zijn recente boek *My ear at his heart*, een verhaal over zijn wortels: 'Ik was bang (om te vertrekken). Wat was de relatie tussen plezier en veiligheid? Wat deed je plezier de anderen aan? Hoe kon je overleven zonder je ouders?'

De man met wie ik iets meer dan een jaar later trouwde en die de vader van mijn kinderen werd, was de door mijn moeder voor mij gedroomde partner. Eindelijk was ze tevreden. Eindelijk peis en vree en eindelijk van haar bezitterigheid bevrijd. Dat dit de motivatie was waarom ik trouwde, heb ik pas vele jaren later ingezien. Toen het huwelijk, dat dertien jaar duurde, naar mijn gevoel niet meer te redden viel.

Zijn ouders waren hetzelfde soort mensen als de mijne, hij kende perfect de codes, wist met zijn vriendelijke en zachtaardige natuur precies hoe zich te gedragen om mijn moeder niet voor het hoofd te stoten. Hij maakte mij het hof op een voorbeeldige manier. Was ik verliefd op hem? Terugkijkend denk ik dat ik eerder verliefd was op de idee om eindelijk op 'eigen' benen te staan. Dat ik wég wou. Alweer vroeg mijn vader mij op zijn rustige manier of ik wel goed had nagedacht, of dit nu

ik had het redelijk goed verdrongen. Ik hoopte dat hij haar zou kunnen charmeren...

Na het avondeten ontspon zich tussen Khalouk en mijn vader een gesprek. Mijn vader sprak genoeg Frans om zich een beeld van de man te vormen. Hij vertelde over zijn studie, over zijn volk, over zijn familie, over zijn toekomstplannen en hoe hij mij daarin zag. Het feit dat hij moslim was, kwam nooit ter sprake. Dat was toen duidelijk nog geen issue, wegens te onbekend. De eerste Turkse familie was pas een paar jaar eerder bij ons om de hoek komen wonen.

Mijn moeder verstond niets van wat hij zei, maar ze moet toch hebben gemerkt dat het een zachtaardige, vriendelijke man was, die haar dochter graag zag?

Zij zag maar één ding. Een vreemde, een Arabier, iemand die haar taal niet sprak, iemand die ver van haar wereld af stond. Zeker niet het soort man dat in haar plan paste.

Dezelfde avond nog, toen Khalouk terug naar Brussel vertrokken was, barstte de hel los. Wat ik wel dacht? Dat ik de nagel van haar doodskist was. De hysterie steeg ten top. En bleef aanhouden, dagen aan een stuk. Tot ze op een dag naar de Scheldedijk vluchtte, waar mijn vader haar ging weghalen. Als ik met Khalouk zou trouwen en vertrok, dan verdronk ze zich, zei ze. Vele jaren later, toen kort na elkaar een dochter en een zoon van mijn moeders zuster zelfmoord pleegden, heb ik vaak aan deze scène teruggedacht.

Mijn vader zei enkel op zijn bekende kalme manier dat ik goed moest nadenken voor ik een beslissing nam. Maar hoe kon ik nadenken onder de chantage van zoveel drama en zoveel hysterie? Blijkbaar had ik ook niet de moed om tegen haar in te gaan. Een paar weken later brak ik met Khalouk Abou Zeid.

kennis met het condoom, met Arabische koffie, leerde naar *Oum Khaltoum* luisteren en deelde met hem zijn oprechte verdriet bij de dood van zijn held, *Gamal Abdel Nasser*, op 27 september 1970. Meestal moest ik met de laatste trein naar huis, slechts een paar keer heb ik een collega als uitvlucht durven gebruiken om een nachtje over te blijven.

Hij wou na zijn studie als dokter gaan werken in de vluchtelingenkampen en wilde dat ik met hem meeging. Hoe zou ik dat aan mijn moeder vertellen? In de zomervakantie was hij naar Aleppo gegaan, een onmogelijke reis met treinen, bussen en vrachtwagens, over land dwars door Turkije. Hij had me gevraagd wat geld te lenen voor de reis, maar dat kon ik hem niet geven, want ik gaf haast mijn hele loon af aan mijn moeder die een deel ervan op een spaarboekje had staan waar ik geen toegang toe had. Ik voelde me zwaar tekort schieten tegenover hem, hij die altijd gul was met mij en mij verwende met de weinige middelen die hij had.

Toen Khalouk terug kwam uit Aleppo op het eind van de zomer moest ik toch de stap zetten om ze thuis in te lichten. Ik had dat heel voorzichtig gedaan, mijn vader was niet afwijzend. Mijn moeder wel, van bij het begin. Maar hij mocht komen kennismaken. Omdat de trip Brussel-Mariekerke toch heel wat was, kon hij zelfs blijven overnachten. Op een veldbed in een andere kamer, weliswaar. De eer van de maagd, die ik volgens mijn moeder nog steeds was, moest worden bewaakt. Hoe hypocriet kan een situatie zijn? Ik zie Khalouk nog van de bus stappen in Sint-Amands, in zijn mooiste pak en regenjas en met een grote doos pralines voor mijn moeder in de hand. Hij zag er uit als de ideale schoonzoon. Maar iets te donker van huid en haar naar mijn moeders smaak. Dat had ik kunnen weten, maar

moeder buiten te houden'. Een brief die ze uiteraard had gelezen, want ook mijn correspondentie controleerde ze. Die veelbelovende relatie torpedeerde ik later zelf door een flirt met een nietsnut. Geen episode om fier op te zijn. Mijn moeder was zeer tevreden dat 'dat stuk pretentie' – zo noemde ze die vriend – uit het beeld verdween. Maar aan mijn gevecht met haar kwam nog lang geen einde.

Toen ik op de Duitse Dienst voor Toerisme werkte, was het de gewoonte dat iemand die jarig was samen met de collega's werd uitgenodigd in het bureau van directeur Horst Lindemann voor een drink en de overhandiging van het officiële cadeau. Twee werkstudenten, een Tunesiër en een Syriër, bleken niet van de partij te zijn toen ik daar eenentwintig werd, op 24 januari 1970. Ik weigerde mijn cadeau in ontvangst te nemen zonder hen erbij. Lindemann gaf na enig tegenstribbelen toe.

Khalouk Abou Zeid, een Palestijn uit Aleppo in het noorden van Syrië, die geneeskunde studeerde aan de ULB, waardeerde mijn gebaar. We zijn die avond samen iets gaan drinken en verliefd geworden. Hij was 28. Zijn levensverhaal klonk voor mij toen als een roman, maar het was een van die vele waar gebeurde verhalen van verscheurdheid en verstrooiing in het Midden-Oosten. Zijn familie was in 1948 gevlucht van Jaffa in Palestina naar Aleppo. Het was een van die talrijke Palestijnse families die de sleutel van het huis dat ze achterlieten, bewaarden als een relikwie, in de hoop er ooit terug te keren. Zijn moeder was onderwijzeres en hij had nog een jonger zusje. Hij kwam uit een familie van textielhandelaars. Ze schreef een brief in het Frans om mij te zeggen dat ik welkom was. Khalouk en ik zagen elkaar altijd in Brussel en vrijden de pannen van het dak op zijn studentenkot in de De Stassartstraat. Ik maakte daar

IJzerbedevaart, waar ik me niet thuis voelde. Ik had geen voeling met de retoriek van Vlaamse verdrukking die daar werd tentoongespreid. Die behoorde duidelijk tot een bepaald burgerlijk milieu dat niet het mijne was. De verdrukking en de vernederingen waarover ik had gehoord en die ikzelf toen nog ongeweten meemaakte, waren van een ander soort . Vurige discussies voerden dat vriendje en ik per brief. Ondermeer omwille van die brieven, die hem via smokkelwegen bereikten, werd hij in het Aalsterse Jezuïetencollege aan de deur gezet. Tegen het eind van het middelbaar, hij deed middenjury, scheidden onze wegen. Hij ging rechten studeren in Gent en hing daar de linkse jongen uit, zich afzettend tegen zijn burgerlijke thuis. Later vertrok hij naar Algerije om burgerdienst te doen. Rond ons veertigste hebben we elkaar weer ontmoet, hij getrouwd, ik gescheiden, en zijn goede vrienden geworden.

Mijn eerste 'volwassen' vriend werd mijn ex-leraar geschiedenis, die geprobeerd had mij klaar te stomen voor de universiteit. Ik was 19 hij pas 23. Vanaf het prille begin liet mijn moeder mij en hem duidelijk voelen dat hij haar niet beviel, die intellectueel, 'de professor' (in potentie, dat had ze goed gezien), en dat was wederzijds. Wellicht was hij de eerste die zag hoe zij met alle macht probeerde te verhinderen dat ik van haar weg zou groeien. Ze waakte over de 'eer' van haar dochter en liet ons geen moment alleen thuis. Een paar jaar geleden hoorde ik van die man dat mijn moeder, toen ik op mijn vijfendertigste ging scheiden, hem thuis is gaan verwijten dat het zijn schuld was dat met mij op relatievlak 'alles was mis gelopen'. Zij gaf er de voorkeur aan zich vast te rijden in haar waanideeën. Hij moet haar zeer hoog hebben gezeten, de man die ooit in een brief aan mij schreef dat hij 'een grote hond zou kopen om je

cocon. In dat kleine huisje in Mariekerke, waar we zo dicht op elkaar zaten en de muren zo dun waren, dat je elkaar 's nachts kon horen ademen of luidop horen dromen. Binnen die enge bekrompen ruimte schiep ik mijn eigen wereld. Wanneer ik het letterlijk te benauwd kreeg, trok ik het veld in of de Scheldedijk op. Op mijn rug in het gras, kijkend naar de wolken, fantaseerde ik dat ik op een andere plek op de wereld zou zijn als ik mijn ogen dichtkneep en daarna weer opende. Mijn grote behoefte aan licht en ruimte vindt zeker ook haar oorsprong in die tijd.

Op de een of andere manier hoorde ik er nooit helemaal bij, niet op school, ook niet later bij de klieken van jongelui die samenklitten in de dorpen langs de Schelde. Zij gingen uit met de auto's van hun ouders, gingen samen kamperen in Zeeland, gingen naar de eerste muziekfestivals als *Jazz Bilzen*. Ik kon bitter weinig meedoen aan dat alles, mijn zakgeld was krap. Ik mocht ook haast niets. Mijn moeder waakte krampachtig over de deugdzaamheid van haar dochter. Als ze ook maar vermoedde dat ik had afgesproken met een jongen, werd mijn vader erop uit gestuurd om mij te controleren. Ik had ook altijd de foute kleren aan, want ook over de keuze daarvan had ik heel lang weinig te vertellen.

Maar prille verliefdheden zijn niet aan wetten van moeders onderhevig. En hoe groter het verbod, hoe groter het verlangen. Mijn eerste echt grote vlam – ik was 17 en hij 18 – kwam uit een welstellend, burgerlijk, Vlaams voelend gezin. Zijn moeder was een van de eerste vrouwen van haar generatie die auto reed in onze streek. Naast onze liefde voor de poëzie – we schreven er ook zelf natuurlijk – deelden we onze belangstelling voor politiek, al waren we het absoluut niet eens met elkaar. Eén keer ging ik met de kliek waartoe hij behoorde mee naar de

Luctor et emergo. Ik worstel en kom boven. Ben ik voorgoed boven, op mijn zesenvijftigste? Dat durf ik niet te beweren, maar ik heb wel sterk het gevoel dat weinig mij er nog onder krijgt. Ik vecht niet meer zo veel en zo fel. Vanaf de zijlijn is het schouwspel immers soms boeiender dan wanneer je er middenin zit.

Waarom heb ik tot nu toe niets of maar zeer weinig verteld over hoe het mij vergaan is, in wat over het algemeen wordt beschouwd als het centrum van het leven: de liefde, relaties. Omdat dat veld voor mij het allermoeilijkste is geweest. Omgekeerd evenredig met mijn professionele opgang, is mijn liefdesleven veel minder een succes geweest. Zij het dan 'succes' afgemeten aan de maatstaven van mijn moeder.

Rijk zeker wel, rijk aan ontmoetingen en ervaringen, maar zonder rust en zonder vanzelfsprekendheid. Een zwerfsteen heb ik mij gevoeld. Zo'n steen wordt door de natuurkrachten, die buiten hem liggen, naar zijn bestemming gevoerd. En wie zal zeggen wat zijn uiteindelijke bestemming is? De voorbijganger bekijkt de steen, streelt hem, gebruikt hem als rustplaats, als tafel of als opstapje. Of hij stoot zich eraan, keert zich af en gaat verder.

Een *Einzelgänger* ben ik altijd geweest. Terwijl ik aan de buitenkant perfect sociaal functioneerde op vrijwel alle momenten van mijn leven, bleef in mij een kern die dikwijls niet participeerde. De vreemde, de àndere in mij. Degene die van 'elders' komt en steeds verwonderd blijft aankijken tegen alles wat zij meemaakt. Degene die de spelregels niet kent. Of ze juist wel kent, maar ze zich niet eigen kan of wil maken.

Misschien is dat *Einzelgänger*-zijn ook een restant uit de tijd toen ik leerde mij, uit zelfbescherming, op te sluiten in mijn

Een Palestijn in Mariekerke

077

del' werd gestuurd omdat ze een arbeiderskind was, in staat was veel hindernissen te nemen en met veel omwegen daar te komen waar ze wou belanden.

Ik heb de voldoening gesmaakt om een aantal nieuwe projecten te mogen opstarten binnen Roularta Media Group. Ze slaagden niet allemaal, maar ze betekenden stuk voor stuk een nieuw avontuur. *Style*, een maandelijkse bijlage bij *Trends*, werd na een paar jaar afgevoerd, wegens te duur en te weinig reclame. Hetzelfde gold voor *spijs&drank*, een blad dat internationaal wel erkenning kreeg en genomineerd werd samen met de beste bladen van de wereld, bij de Australische Food Media Awards in Adelaide. Het jongste project, *Nest*, is een succes geworden omdat het precies kwam op het moment dat mensen behoefte hadden aan iets wat dichtbij was en herkenbaar.

Wat mij echter het meeste voldoening geeft is het ontdekken en laten bloeien van talent bij jonge schrijvende journalisten, fotografen, lay-out mensen en illustratoren. Hen vormen tot integere en veeleisende vakmensen. Dat avontuur gaat nog elke dag door.

soonlijk medegedeeld, al monkelend weliswaar, dat het de gewoonte was dat vrouwen, die pas aankwamen, in de keuken 'over de toile cirée' werden gehaald. Een sociale klasse overstijgen was niet voldoende – het woord 'gender' bestond nog nauwelijks, de vooroordelen des te meer, ook en soms zelfs vooral bij de zogenaamd ruimdenkende progressieve heren.

Buiten Verleyen's zus *Misjoe* waren er twintig jaar geleden geen andere vrouwen op de Knack-redactie. Zij die er geweest waren, hadden het niet lang volgehouden. Sommige van de heren vonden ook dat ze ons in het begin een beetje moesten bevaderen. Een recensent die ik aantrok, bleek de zoon van een door *Marc Reynebeau* geminachte schrijver en moest dus worden afgevoerd op zijn gezag. Ik protesteerde bij Verleyen en Van Humbeeck, maar het mocht niet baten. Of Knack-redacteurs klaagden bij de baas dat ze 'niet meer met hun blote kont onder een palmboom konden gaan liggen', sinds de rubriek reizen naar Weekend was verhuisd. Bij dat soort onnozele, maar wel soms scherpe conflicten, moest Verleyen dan knopen doorhakken en daar was hij beslist niet goed in. Hij schipperde liever en voerde, zoals hij zelf zei, een 'alkoofpolitiek'. Dingen werden onder vier ogen opgelost, zelden besproken op vergaderingen.

Die eerste jaren was het heel hard werken om met een paar journalisten elke week een magazine klaar te stomen. Het was aan de ene kant voor mij een manier om de leegte in mijn leven op te vullen na mijn echtscheiding. Aan de andere kant was het de uitdaging van mijn leven en de job die mij ontzaglijk veel voldoening heeft gegeven.

Hoofdredacteur worden van *Weekend Knack* binnen *Roularta Media Group* was tevens de job die mij heeft toegelaten te bewijzen dat het kind dat op haar twaalfde naar de technische 'han-

Sydney. Of in mijn eentje in een uitzinnige suite met twee badkamers van hotel *George V* in Parijs. Dikwijls had ik het gevoel dat ik een rol 'speelde', dat ik niet wàs wat ik deed. Ik kon het op den duur wel perfect, die rol, mijn rol spelen. Ik heb snel moeten leren. Binnen de kortste keren bouwde ik een encyclopedische kennis op van de sector en maakte ik mij het lege vocabularium eigen.

In het begin heb ik wel eens onvoorstelbare fouten gemaakt. Zo ging ik naar een receptie op de Marokkaanse ambassade in een goedkope, in Marokko gekochte kaftan die ik heel mooi vond, maar die zo fout was dat ik eigenlijk langs de achterdeur onmiddellijk had willen weglopen, nadat ik de obligate handjes had geschud.

Tegenwoordig kan ik mijn rol zelfs niet meer spélen. De laatste handtas van *Vuitton*, de nieuwste waanzinnige collectie van *Prada*, of de jongste dure crème van *La Mer*, het zijn dingen die ontzettend ver af liggen van wie ik ben. En van wie ik geworden ben.

De eerste jaren bij *Weekend Knack* zat mijn toen nog kleine redactie ingebed binnen de zeer competitieve en macho Knack-omgeving. Frank De Moor had mij zorgvuldig uitgelegd in het begin dat het heel belangrijk was, binnen die redactie, om de juiste kant te kiezen. Volgens hem was er een *sterke* groep, die elke dinsdagmiddag lunchte bij de Joegoslaaf. Daarnaast had je volgens hem een *zwakke* groep, die dat wekelijkse verlengstuk van de redactievergadering niet bijwoonde. Tot de sterke groep heb ik nooit behoord, de anderen waren veel leukere mensen om mee om te gaan.

Toen *Griet Schrauwen* en ik onze eerste redactievergadering meemaakten in de Tervurenlaan, werd ons door Verleyen per-

dat iets voor mij was, die weekendbijlage van *Knack*? Ik denk oprecht dat, als het van hem had afgehangen, ik de job niet had gekregen: zijn vooringenomenheid tegenover mij was niet gering. Van Humbeeck was stil, wat hij al die jaren zou blijven. De Moor en Rik De Nolf voerden het hoge woord. Over de middag praatten we met z'n allen verder in een brasserie om de hoek van de Tervurenlaan. Waar, o ramp, mijn goedkope halssnoer brak en in mijn bord kletterde. Ik voelde me echt niet op mijn gemak bij die heren. Ik een lifestyleblad maken?

Rik De Nolf wou dat ik onmiddellijk na die lunch mee ging naar het hoofdkantoor in Roeselare. Ik wist niet eens waar Roeselare lag. Maar geen nood, zijn chauffeur reed met mijn auto (een bedrijfswagen van de concurrentie!) en ik reed mee met De Nolf. Ik zweer u, ik heb gedurende het anderhalf uur durende traject, niets gemerkt van de weg. Als in trance ging het gesprek over bladen maken. Ik had die dag mijn contract kunnen tekenen als ik het gewild had, maar deed dat uiteindelijk pas enkele weken later, om op 2 mei 1985 het bureau naast Frank De Moor te gaan bezetten.

Frank zou mij introduceren in de wereld van mode, design en statussymbolen, waaraan ik nooit verknocht raakte, maar die ik altijd met professionele belangstelling heb gevolgd. Hij nam mij letterlijk mee op een verkenningstocht langs de sjieke winkelstraten van Antwerpen en Brussel en onderwees mij in de *do's and dont's* van het vak en van deze toch wel heel speciale redactie.

Vaak vroeg ik me af wat ik daar deed, in die job, in die sector. Op een sofa naast *Lauren Bacall* bijvoorbeeld, op de zestigste verjaardag van *Armani* in Milaan. Of op een dekentje naast *Gianni Versace*, bij een picknick op een schapenfarm in de outback van

die hij bleef beschermen. Dat alles, samen met een aanslepend relatieconflict dat eindigde in een echtscheiding, sloopte me.

Op mijn zesendertigste verjaardag, op 24 januari 1985, zat ik op een persconferentie van VTB in de Yachtclub op de Antwerpse Linkeroever naast wijlen *Frank De Moor*, hoofdredacteur van *Knack*. Ze waren al een tijdje aan het experimenteren met de *Weekend* bijlage. Eerst was het een krantje, later zat het in het blad en op dat moment was het weer een zelfstandige bijlage geworden. Daarvoor was een Libelle-redactrice aangeworven, niet echt een groot journalistiek licht en zeer onervaren, maar van goede komaf. De Moor, die merkte dat ik hem daarmee wat uitlachte, vroeg of ik dacht dat ik het beter zou kunnen. Het monument *Knack* was zo groot voor mij en mijn angst om nog meer te veranderen in mijn leven aanvankelijk zo immens – ik had een paar maand eerder mijn huwelijk opgebroken – dat ik wat schutterig zei dat ik bij Tijdschriften Uitgeversmaatschappij goed zat tot mijn pensioen.

De Moor bleef mij bellen in de komende weken, tot ik uiteindelijk instemde met een gesprek, dat plaatsvond in restaurant *Danieli*, toen nog op de Antwerpse de Keyserlei. Ik liet me daar ter plekke overhalen tot een ontmoeting met uitgever *Rik De Nolf* en de complete hoofdredactie: *Frans Verleyen, Hubert Van Humbeeck* en *De Moor* zelf. Overtuigd was ik zeker nog niet op dat moment.

De ontmoeting met die vier werd één van de meest verrassende momenten uit mijn leven. Het gesprek, in de imposante redactievergaderzaal aan de Tervurenlaan, begon op een negatieve toon. Verleyen kende mij nog vanuit zijn Standaard-verleden en had blijkbaar niet zo'n hoge pet op van mij. Hij vroeg mij wat ik daar eigenlijk kwam doen, of ik nu echt vond dat

toen de Nederlander *Joop Swart*, een van de meest legendarische bladenmakers uit ons taalgebied. De man die *Avenue* had gemaakt, een 'bladendokter' avant la lettre.

Hij liet toen bij *Libelle* even een nieuwe wind waaien. Swart vond dat ik maar meteen chefredacteur moest worden. Ik aarzelde, ik had wel al wat ervaring in die job, want bij *Ons Volk* was ik dat ook een paar jaar geweest. Maar de toenmalige *Tijdschriften Uitgeversmaatschappij* (TUM), filiaal van de reusachtige Nederlandse bladenfabriek VNU, dat leek me toch nog wat anders. Joop Swart overtuigde mij. Een aantal maanden heb ik met deze creatieve enthousiaste man kunnen samenwerken. Hij heeft bij mij definitief de zin in het bladen maken aangewakkerd en ik heb veel van hem opgestoken, vooral de durf om de wildste ideeën te proberen realiseren. Hij heeft mij ook zelfvertrouwen gegeven in dat vak, mij doen geloven dat het *mijn* vak was, *mijn* bestemming. Het *Goed Nieuws* uit mijn kindertijd werd nu mijn goed nieuws. Een toevalstreffer werd een passie.

Er waren echter nogal wat conflicten op die redactie over bevoegdheden en over waar het blad naartoe moest. De directie overwoog om mij hoofdredacteur te maken, maar een *assessment* bij DIP, het selectiebureau van het VEV, maakte uit dat ik daartoe niet geschikt was. Niet het juiste temperament en gebrek aan formele vorming, luidde het oordeel. Dat maakte mij razend, omdat de man die wel op de stoel zat nog veel minder geschikt was, maar wel bleef zitten. Ik werd adjunct-hoofdredacteur, verantwoordelijk voor de inhoud. De troostprijs. Veel van mijn energie moest ik echter steken in de onderhuidse conflicten en in loopgravenoorlogen met mijn baas en met sommige van zijn middelmatige, trouwe discipelen

was, zou willen overnemen? Ik was zevenentwintig. Van toen af aan heb ik vier jaar lang iedere week onder de titel 'Vraag het aan Henriette', geërfd van mijn voorgangster *Henny Bogaerts*, brieven beantwoord over alle mogelijke vragen waar mensen mee kunnen zitten. Het was bij momenten een gigantische job. Want wat verscheen, was slechts het topje van de ijsberg. Dikke enveloppen vol miserie vielen om de paar dagen in mijn brievenbus, vooral van vrouwen, maar ook wel van mannen. Naar best vermogen heb ik jarenlang klankbord gespeeld, tenminste als het over voor de hand liggende problemen ging. Vaak kwam het erop neer dat je mensen de weg wees, doorstuurde naar deskundigen als het toenmalige CGSO, of naar relatie- en andere therapeuten. Maar meestal ging het er vooral om dat je ze het gevoel gaf dat ze niet alleen waren. Ik had een paar vaste correspondenten van wie ik een stuk van hun levensloop kon volgen. Dikwijls was ik verbaasd over het vertrouwen dat ze me schonken. Zou het anders geweest zijn indien ze geweten hadden dat ik zelf, jonge, soms radeloze, moeder van twee kleine kinderen, ook aan het verloren lopen was in een relatie? Naast het feit dat het een mooie bron van inkomsten betekende, heb ik van deze hartsrubriekperiode veel geleerd over leven en over hoe mensen met elkaar omgaan.

Ik ging ook freelance schrijven voor *Rijk der Vrouw*, het Nederlandse maandblad *Kinderen* en voor *Libelle*, de opvolger van *Rosita* en *Goed Nieuws*, waarmee ik in mijn kindertijd had leren lezen. Bij *Libelle* namen ze begin 1980 journalisten in dienst. Ik ging dus opnieuw solliciteren, zoals tien jaar eerder. Het verliep allemaal wat sneller, want mijn naam was ondertussen een beetje bekender en de adjunct-hoofdredacteur *Marcel De Borger* wist wat ik waard was. Hoofdredacteur ad interim was

De verhouding tussen tijdschriften en kranten was ongeveer zoals bovenstaande anekdote aangeeft.

Niet verbazingwekkend dus dat ten tijde van de afwikkeling van het grote *De Standaard*-faillissement in het voorjaar van 1976, wij er maar voor spek en bonen bijliepen. De krantentenoren die, onder leiding van redacteur economie en ex-studentenleider *Paul Goossens*, onderhandelden met *André Leysen*, waren niet in het minst bekommerd om het lot van de weekbladen. Jan Merckx regelde over onze hoofden heen de verkoop van *Ons Volk-Chez Nous* aan *Het Rijk der Vrouw*. De paternoster van faillissementen dat het Standaard-imperium van *Albert De Smaele* deed instorten, sleepte maanden aan. Ik liep rond met mijn bolle buik – ik verwachtte mijn tweede zoon – in die eerste maanden van de hete zomer van 1976, binnen dat wezenloze gebeuren. De dag dat Kim werd geboren, op 8 juli 1976, waren mijn ex-man en ik allebei werkloos. Hij was redacteur bij *Zie-Magazine*, dat Jan Merckx voor zichzelf had voorbehouden, maar had zich te sterk geprofileerd als vakbondsman, wat niet in de smaak viel van de nieuwe eigenaar. Het was een bittere tijd. Mensen die ik had vertrouwd en bewonderd, bleken veel kleiner dan ik had gedacht. Ik besefte ten volle wat het is een radertje te zijn in een enorme machine, een radertje dat gemist kan worden.

Twee kleine kinderen, net een huis gekocht, een echtgenoot die noodgedwongen voor een tijd in de vastgoedsector ging werken, waar een vriend hem een job had aangeboden. De mooie tijd leek voorbij. Maar er moest brood op de plank komen. Dus slikte ik mijn trots in toen *Lucienne Lucas*, de hoofdredactrice van het, voor ons, vermaledijde *Rijk der Vrouw* mij belde met een voorstel. Of ik de hartsrubriek in *Ons Volk*, dat toen voor tachtig procent een coverblad van *Het Rijk der Vrouw*

de redactie een uitnodiging van *Philips* kwam om naar de Ignisfabrieken in *Comerio* aan het *Lago Maggiore* te gaan. De Nederlandse elektronicagigant had net het Italiaanse familiebedrijf opgeslorpt, dat ik pas had verlaten. Mijn hoofdredacteur meende bijgevolg dat ik de meest geschikte persoon was voor die opdracht. Mijn triomf was niet gering toen ik in het verbaasde gezicht keek van *dottore Carlo Ponzellini*, een van de Ignis-managers, die mij een paar weken eerder in het Brusselse kantoor nog had behandeld als zijn persoonlijke dienstmeisje. De rest van dat bezoek in Comerio deed hij alsof ik lucht was.

De redactie van *Ons Volk* zat een halve verdieping lager dan die van *De Standaard* en *Het Nieuwsblad* in de Jacqmainlaan. De weekbladen werden ook gedrukt in een andere drukkerij: *Periodica* in Kobbegem. Onze orders kregen we van Jan Merckx, die in het Antwerpse kantoor zetelde en ook *Zie-Magazine* en *TV-Ekspres* onder zijn vleugels had. De dédain waarmee sommige van onze krantencollega's vanuit hun letterlijk en figuurlijk hogere regionen op ons neerkeken, was niet gering. In de tijd van de grote oliecrisis in 1973 hadden we een nummer gemaakt vol besparingstips. *Jean-Luc Dehaene*, toen kabinetschef op economische zaken bij *André Oleffe*, lanceerde zijn Mercatorcampagne om de bevolking aan te zetten tot zuinig zijn met energie. Ik herinner mij dat *Jan Bohets*, toen redacteur economie bij *De Standaard*, de deur van ons redactielokaal opende en vanop de drempel tot de verzamelde *Ons Volk*-redactie op een vernietigende manier zei dat wij toch écht wel met onnozelheden bezig waren in deze dramatische tijden. De autoloze zondagen stonden voor de deur. Het was de tijd dat *Frans Verleyen* samen met *Hugo De Ridder* furore maakte met dubbelinterviews in *De Standaard*, later gebundeld onder de titel *Waar is nu mijn mooie boomgaard?*

ton gestuurd. Verlamd was ik toen ik daar uit de lift stapte, de zaal met al die vreemde, veel oudere en ervaren mensen binnenliep, een bijna uitsluitend mannelijk gezelschap trouwens. Iets wat ik nog vaak zou ervaren: overal de jongste en vaak de enige of een van de weinige vrouwen. Gelukkig stootte ik op toenmalig Belgajournalist *Luc Aerts* uit Puurs, die ik een beetje kende. Hij was al een paar jaar aan de slag en liet mij discreet in zijn kielzog varen die middag. Naast hem voelde ik mij wat veiliger, ook aan tafel. Ik zal nooit vergeten hoe ik met klamme handjes probeerde tegelijk te eten, te luisteren, te noteren en te converseren.

Net zo min zal ik de snibbige 'juffrouw' *Yvonne Nonneman* vergeten, de legendarische moderedactrice van *Gazet van Antwerpen*, die mij bij het eerste modedéfilé dat ik moest bijwonen, heel collegiaal wat duiding gaf, zodat ik een behoorlijk stuk kon schrijven. Ze droeg die dag oranje schoenen en had een paars tasje bij zich, excentriek maar elegant. Het staat in mijn geheugen gegrift. Tot dan toe had ik mijn kleren vrijwel nergens anders gekocht dan bij *C&A* of *Toufait*. Het is en blijft voor mij trouwens nog altijd moeilijk om veel geld uit te geven aan kleren en mijn smaak is nog steeds niet trefzeker.

Een van mijn eerste mode-interviews was met de ondertussen al lang vergeten couturier *Jacques Estérel*, een beminnelijk man die zeer goed voelde dat ik een *absolute beginner* was, maar uitermate voorkomend en meegaand bleef tijdens het hele gesprek. Ik kon hem wel zoenen. Huppelend liep ik van de *Inno* in de Nieuwstraat, waar het gesprek plaatsvond, terug naar de redactie op de Jacqmainlaan. Dat ik betaald werd om dit soort dingen te doen, ik kon het nauwelijks geloven.

Pas een paar weken was ik in dienst bij *Ons Volk*, toen er op

de eindfase voelde ik weerstand in de persoonlijke gesprekken, onder andere met *Luc Vandeweghe*, de toenmalige hoofdredacteur van *De Standaard* en met *Jan Scheerlinck*, de personeelsdirecteur. Maar ik werd in dienst genomen samen met *Hilde Geens*. Later vernam ik dat ik dat te danken had aan *Jan Merckx* (die later VTM zou stichten). Hij had mij vurig verdedigd tegen de bezwaren van beide heren tegen dat piepjonge ding (ik was pas 21) zonder veel solide achtergrond. Ik bleek de enige te zijn in de selectieprocedure die geen diploma hoger onderwijs had. Mijn maandloon ging in één klap met vijftig procent de hoogte in, iets wat mijn moeder er uiteindelijk wel mee verzoende dat ik mijn vorige job na zeven maanden al had laten staan.

Ik had gegokt en gewonnen. Dat gaf mij een euforisch gevoel. Dit was mijn revanche: een job waarin ik mij hoopte te kunnen uitleven. Ik wist op dat moment niet eens in welke mate dat waar zou worden. Noch hoe moeilijk het soms zou zijn en wat het met mij zou doen.

Vanaf die eerste dagen in mei 1970 voelde ik mij als een vis in het water in dat kleine redactiekantoor van *Ons Volk*. Het was een blad met een stoffige reputatie, dat aan het verpoppen was tot een vrouwenblad, tussen de klassiekers *Rijk der Vrouw* en *Libelle* en het feministische *Mimo* van de broers Anthierens in. Mijn eerste reportage was een sfeerstuk over de heropening van de Efteling na de winter. Niets wereldschokkends, maar het lukte mij meteen aardig. De collega's die mij bij dat debuut begeleid hadden, *Annemarie Boels*, *Anne-Marie Tassier* en *Marie-Berthe Van der Geten*, gooiden mij zonder respijt meteen het water in. Ik spartelde en bleef boven en beleefde plezier aan het schrijven. Zij het soms naar adem snakkend.

Zo werd ik naar mijn eerste perslunch in de Brusselse Hil-

menten op kantoor waren aan hem niet besteed. In de reiswereld en bij journalisten had hij een heel andere reputatie, die van een minzaam man die graag lachte.

Het leukste deel van mijn job op de Duitse Dienst voor Toerisme was het rondsturen van de invitaties voor persreizen en het opvolgen van de publicaties die er het gevolg van waren. Daarover werd aan het hoofdkantoor in Frankfurt gerapporteerd in statistieken over verschenen vierkante millimeters. Mijn dag begon dus met het doornemen van alle Belgische kranten en magazines, al waren die laatste toen nog niet zo talrijk als nu.

Op die manier stootte ik begin 1970 in *De Standaard* op een advertentie waarbij een journalist werd gezocht voor het weekblad *Ons Volk*. Dat leek mij aanlokkelijk, maar ik had geen universitair diploma en daar werd wel om gevraagd. Ik belde Luc Van Gastel, de redactiesecretaris van *Het Nieuwsblad*, met wie ik professionele contacten onderhield, en polste hem of ik zou kunnen deelnemen aan de selectieprocedure. Volgens hem moest ik het erop wagen, ik had niets te verliezen, zei hij. Dat duwtje in de rug had ik toen echt nodig.

Thuis had ik met geen woord gerept over die sollicitatie. Toen de uitnodiging voor de eerste proef kwam, waren de reacties voorspelbaar verdeeld. Mijn vader was enthousiast, mijn moeder woest. Ik had een goede job, verdiende meer dan tevoren, ik werkte er pas een paar maand en ik wou alles weer in de waagschaal leggen? Voor zoveel zin voor avontuur had zij geen begrip. Wanneer zou ik nu eens *content* zijn?

Er waren meer dan 800 sollicitanten, hoorde ik later. De lange selectieprocedure was zwaar en gespreid over een paar maand, het was dezelfde als die voor Standaard- en Nieuwsbladjournalisten. Drie keer toog ik ervoor naar de Jacqmainlaan. In

veel onderweg of verbleef in Italië en gaf mij verantwoordelijkheid. Binnen de kortste keren was ik veel illusies en een aantal idealen armer. De meeste van mijn vrienden en vriendinnen studeerden. Een aantal hingen de revolutionair uit in Leuven en in Gent, terwijl ik na het werk ging flierefluiten met vertegenwoordigers in koelkasten en wasmachines. Ik was negentien en moest plots heel erg snel volwassen worden, de speeltijd was over. Ik verloor mijn jeugd en mijn onschuld *en cours de route*. Na een goed jaar had ik het bekeken bij Ignis, ik verveelde mij steendood tussen de koelkasten en de wasmachines en begon uit te kijken naar een andere job, naar iets wat mij beter zou liggen dan 'witgoed'.

De *Duitse Dienst voor Toerisme* in de Brusselse Luxemburgstraat werd mijn volgende halte. Dankzij leraar Duits Jozef Boets, die er de naamvallen genadeloos had ingeramd op school, passeerde ik de test van *Horst Lindemann*, de toenmalige directeur. Een strenge Berlijnse protestant, vlak voor de oorlog in België beland, op de vlucht voor het Hitlerregime. Hij was getrouwd met een bakkersdochter uit Leuven en had een zeer kroostrijk gezin. Op kantoor waren roken en loshangend haar ten strengste verboden. Lindemanns dagprogramma was punctueel. Om twaalf uur stipt wou hij zijn boterhammetjes met melk geserveerd krijgen bijvoorbeeld, en het secretariaat regeerde hij met nijdige belsignalen. Ik had de grote gave om altijd alles te kunnen vinden wat hij zoek maakte of verloren legde. Minpunt was dat ik elke schrijfmachine en dictafoon die in huis was, kapot kreeg. 'Fräulein Vermeiren, sie sind technisch völlig unbegabt!' Hoe vaak heeft hij dat tegen mij gebulderd? In zijn bureau hing een reusachtig kruisbeeld. Het verhaal deed de ronde dat zijn vrouw hem voorlas uit de bijbel terwijl hij in bad zat. Lege mo-

tijd beschaamd en gefrustreerd over mijn opgeven. Het had niet zo mogen lopen. Het voelde aan als een zwaar falen.

Zuster *Maria Van Cauter*, de vroegere directrice van het Sint-Angela-Instituut, heeft het voor mij nog niet zo lang geleden in het juiste perspectief geplaatst. In de technische afdeling handel zaten wel meer meisjes zoals ik, die daar niet thuis hoorden. Die in feite in een humaniora-afdeling hadden horen te zitten, maar, omdat ze toch 'maar' meisjes waren en dus zeker niet zouden gaan studeren, daar naartoe werden georiënteerd. Ook vanwege het praktisch bruikbare van die opleiding. Slechts een klein aantal mensen van mijn generatie heeft toch met succes hoger onderwijs gevolgd na de middelbare schooltijd. Volgens Maria Van Cauter kwamen die stuk voor stuk uit middenstandsmilieus of uit gezinnen waarvan de ouders – en vooral ook de moeder – tenminste middelbare school of normaalschool hadden gedaan. Arbeiderskinderen hadden het moeilijker om hun weg te maken in het hoger onderwijs, omdat hun ouders daar de weg niet kenden, er geen ervaring mee hadden, het niet wilden. Omdat ze het 'niks voor ons was'.

Emile Reyter, de man van mijn tante Caroline Vermeiren, was op dat moment hoofd van het kleine Belgische filiaal van een Italiaanse huishoudapparatenfabrikant en kon wel een hulpje gebruiken op het bureau om de telefoon aan te nemen en brieven te tikken. Op die manier zat ik nog voor het eind van de zomer opnieuw in Brussel, op de Jetse Steenweg, en nam de telefoon aan met 'La Ignis, pronto!' Ik belandde dus toch op de stoel waar ik niet op had willen terechtkomen. Gelukkig voor mij in een klein bedrijf met een familiale sfeer. Ik leerde er, *par la force des choses*, zeer snel vlot Frans, een mondje Italiaans en bovendien ook zelfstandig beslissingen nemen. Emile was immers

sprake kon zijn en dat op kot gaan uitgesloten was. Regentaat aan de normaalschool in Sint-Niklaas was de volgende optie. Maar ik dacht slim te zijn en koos voor het *Hoger Instituut voor Vertalers en Tolken* aan de Legrandlaan in Elsene. Denkende dat, als ik de kandidaturen haalde, ik mijn moeder zou kunnen overtuigen om ook de licenties te mogen doen. Het plan zat in mijn hoofd, maar het is geen werkelijkheid geworden.

Ik werd dus pendelstudent. De kost was zeker een belangrijk argument, maar voor mijn moeder woog nog zwaarder de angst om een dochter alleen los te laten in de in haar ogen 'verderfelijke' hoofdstad. Alles wat ver en vreemd was, boezemde haar angst in. In alles wat buiten de perimeter van haar dorp lag, zag ze gevaar. Ik reisde dus elke dag ongeveer drie uur op en neer met fiets, bus, trein en tram. Met een zeer zwaar uurrooster en veel studie- en vertaalwerk, een onmogelijke opgave... Er was thuis ook niet echt een geschikte plek om te studeren en het geld bleef, ondanks een studiebeurs van ongeveer 25.000 oude Belgische frank, beperkt. Ik herinner me nog dat ik me niet alle woordenboeken kon aanschaffen die ik nodig had. Het was dus altijd behelpen. Bovendien ontdekte ik snel dat ik het haast uitsluitend technisch omgaan met taal niet echt boeiend vond: veel over vorm en weinig inhoud. Mijn studiekeuze was derderangs en mijn motivatie slonk met de maand en met de groeiende frustratie en vermoeidheid. Nog voor de examens begonnen, had ik afgehaakt. Mijn moeder kon haar triomf nauwelijks verbergen. Werken moest ik, zo snel mogelijk geld binnenbrengen.

De vraag waarom ik niet slaagde in wat ik zo graag wilde, heeft mij een half volwassen leven geobsedeerd. En ook lange

Op zijn manier was mijn vader wat ik later zou worden: een 'sociale' migrant. Iemand die probeerde zijn conditie te ontstijgen, zijn maatschappelijke positie te verbeteren. Maar ondanks zijn inspanningen om vooruit te komen, werd hij steeds weer teruggeworpen. De ambitie die hij later in zijn leven nog overhad richtte zich op ons, zijn kinderen. In tegenstelling tot mijn moeder, die kinderen eerder zag als een bron van inkomsten, van materiële ondersteuning. Tussen die twee visies op het leven zat ik op mijn achttiende gesandwiched. En nog lang daarna.

Nadat een paar leraressen thuis bij mijn ouders, vooral bij mijn moeder, waren komen pleiten om me te laten studeren en zij daar uiteindelijk in toestemde, kwam het moeilijkste: kiezen.

Hoe begin je aan een reis naar het onbekende als je niet over een wegenkaart beschikt, noch over een kompas dat je een richting kan aanwijzen? Dat gevoel had ik op dat moment. Er bestond in onze familie absoluut geen vertrouwdheid met studeren. Er was alleen één neef die al twee jaar op de universiteit zat en één nichtje dat in het regentaat zat. Allemaal ver weg, vreemd, imponerend, niet echt iets voor 'ons soort mensen', zo leek het.

Geschiedenis wou ik gaan studeren. Dat vak boeide mij het meest. Mijn leraar geschiedenis stimuleerde mij in die richting. Hij had uitgezocht dat ik daaraan zou kunnen beginnen mits een extra cursus Latijn en een examen middenjury, waardoor ik een humanioradiploma kon behalen. Die berg leek me heel hoog om te beklimmen, maar ik was ertoe bereid.

Alleen maakte mijn moeder toen voor mij uit dat ik ten hoogste twee jaar toegemeten kreeg, dat er van tweede zit geen

Van hartsrubriek tot hoofd-redacteur

Van hartsrubriek tot hoofd-redacteur

dende rol. Vermeende ziektes kwamen bovenop de echte, waardoor ze toch de aandacht kreeg die ze zo nodig had. Het was allicht haar manier om op sommige momenten van haar leven aan de hardheid en de dwang van dit leven te ontsnappen.

Ik moest voor haar zorgen, vond ze, daar had je toch een dochter voor. Ze had er dus helemaal geen oren naar dat ik zou gaan studeren. Maar ik was van één ding zeker. Ik zou niet mijn hele leven facturen maken of brieven tikken. Eén maand had ik een vakantiejob gedaan op de debiteurenafdeling van een farmaceutisch bedrijf in Puurs. Dood ging ik er. Mijn nachtmerrie was, dat dàt mijn bestemming zou worden.

de l'Escaut, waar hij meer dan dertig jaar had gewerkt, met *General Shoe Company* uit Nashville (USA), een van de eerste voorbodes van de latere delocalisering. Na een tijd stempelen, ging hij voor een veel lager loon in ploegen werken als schoonmaker in een farmaceutisch bedrijf. De trotse vakman, de voormalige vakbondsafgevaardigde, op zijn eenenvijftigste gedegradeerd tot de laagste sport van de ladder in de fabriek. Het heeft hem geknakt.

Op een bijzonder discrete manier heeft Jan Sebrechts toen bemiddeld tussen mijn ouders en de overste van het Ursulinenklooster, die het internaat beheerde, over een meer dan flinke reductie op het kostgeld. Mijn ouders betaalden een eerder symbolisch bedrag. Daarover werd toen met mij geen woord gesproken, ik heb het pas veel later ontdekt. Op die manier kreeg ik toch het kleine stuk onbekommerde jeugd, dat in mijn geheugen veel weg heeft van een paradijselijk eiland, ver van thuis.

Thuis was er immers helemaal geen vrolijkheid meer over. Mijn moeder sukkelde al jaren met haar gezondheid. Het harde werken, het harde leven, had haar klein gekregen. Vaak was ze in mijn kindertijd in het ziekenhuis voor onderzoeken en operaties. Dan werd ik uitbesteed bij een van de tantes voor een paar weken, of mijn vader moest met ons zijn plan trekken. Toen mijn moeders stembanden tijdens een schildklieroperatie werden beschadigd, en ze alleen nog een fluisterstem overhield, sloot ze zich nog meer af, nog somberder dan tevoren. In een groter gezelschap vertoeven was moeilijk voor haar, want ze kon zich slecht verstaanbaar maken. Ze leek steeds kwader op de wereld te worden, niets kon nog haar plezieren. Ze vond dat het leven haar tekort had gedaan en installeerde zich in haar lij-

geschiedenis, *Raoul Bauer*. *Zuster Emmanuel*, de directrice, werd toch wel verontrust toen op mijn schooladres ook nog *Het Communistisch Manifest* van *Karl Marx* aankwam, dat ik besteld had bij een uitgeverij in Gent.

Op katholieke scholen was het toen de gewoonte om aan het einde van het schooljaar voor de twee hoogste jaren een 'bezinningsweek' te organiseren. Ook daarvoor zocht Jan Sebrechts in 1966 de meest dissidente en linkse priester uit die op dat ogenblik rondliep, *Bruno De Roeck*, die al jaren zwaar de duvel werd aangedaan door de zeer conservatieve Gentse bisschop *Van Peteghem*. Hij had verbod om te 'officiëren' als priester en zou wat later definitief uit de Karmelietenorde worden gestoten.

Als ik dwars en vrij heb leren denken is het zeker ook door Jan Sebrechts en door de mensen die hij rond zich verzamelde. Door hen heerste er op het Sint-Angela-Instituut een stimulerende sfeer. Er hing daar niets van het bedompte en bekrompene dat ik mijn vrijzinnige vrienden vaak hoor associëren met katholicisme en katholiek onderwijs. Het bestond, zeker, maar daar was het niet aanwezig. Er werd zoveel aangeboden wat mijn gretigheid naar meer weten, meer kennen, kon bevredigen, en de sfeer thuis was zo drukkend geworden – mijn broer werkte ondertussen in Amsterdam voor Fokker – dat ik voor de laatste twee jaren liever intern werd. De school was meer mijn thuis geworden dan het huis van mijn ouders.

Zij zagen dat aanvankelijk niet zitten, ze hadden het zo al moeilijk genoeg om de gewone schoolkosten en het uniform te betalen. Op meerdaagse schoolreisjes naar Parijs, Londen of Duitsland ben ik bijvoorbeeld nooit meegegaan, dat was luxe waarvoor ze geen geld hadden. Mijn vader was in 1965 werkloos geworden, door de fusie van het Dendermondse *Chaussures*

terige pater als hij was. Maar Jan Sebrechts, de geboren pedagoog en man van de wereld, maakte er voor ons een onvergetelijke dag van. *Erna, Hilda* en ik waren alledrie voor het eerst in Frankrijk, zwaar onder de indruk van de kathedralen en van de aanschouwelijke les kunstgeschiedenis. Sebrechts trakteerde het gezelschap 's middags op een voortreffelijke maaltijd in een restaurant. Ook dat was een primeur in mijn leven: aan een tafel gedekt met hagelwit linnen, bediend door een ober in het zwart, niet wetend welk mes en welke vork waarvoor te gebruiken, voor het eerst een glas wijn drinken. Ik voelde me erg verwend en zwaar onder de indruk.

Voor hem waren dergelijke zaken onderdeel van een breder plan. Veel van zijn persoonlijke middelen heeft hij besteed om meisjes zoals ik een algemene vorming te geven die buiten het schoolcurriculum viel en die ze thuis nooit zouden krijgen. Hij had toen al zijn eigen 'eindtermen' voor zijn pupillen in zijn hoofd. Jan Sebrechts heeft mij veel gegeven dat mijn zelfvertrouwen heeft gesterkt en mijn wereld heeft opengegooid. Waar het devies thuis vaak was 'dat is niet voor ons', 'je moet geen pretentie hebben' of 'daar hebben wij het geld niet voor', vond hij juist dat we zo veel mogelijk moesten meemaken en ons alles moesten eigen maken wat ons kon interesseren.

Zo inviteerde hij op een avond in 1966 op school de toenmalige progressieve jezuïet, *Marcel De Keersmaecker*, die betrokken was bij de links georiënteerde Vredescomités. De man kwam pas terug van een reis door maoïstisch China en vertelde enthousiast over wat hij had gezien van de Culturele Revolutie. Daar liep iedereen toen nog warm voor. *Het Rode Boekje* van Mao circuleerde volop in studentenmiddens, maar ik kreeg het op school in het laatste jaar middelbaar van mijn piepjonge leraar

De werkkamer van Jan Sebrechts in het huis op het Hooiveld of het kleine bureautje van twee bij twee, doordrongen van de sigarenrook, waar was het dat ik de eerste keer de *Mondscheinsonate* van *Beethoven* hoorde? Mijn absolute introductie tot de klassieke muziek. Ik kreeg van hem ook een tweedehands pick-up voor thuis en een paar door hem afgedankte klassieke elpees, die ik nog grijzer draaide. In de discotheek die hij, alweer uit eigen zak, voor de school samenstelde, zaten net zo goed Joan Baez, Pete Seeger, Boudewijn de Groot, Barbara en Brel.

Hij had er plezier in, een door hem betaald busje vol te laden met zesdejaars en een paar leerkrachten om samen in een bioscoop in Brussel naar *Un homme et une femme* van *Claude Lelouch* te gaan kijken. Na de vertoning stapte de streng uitziende priester, met zijn Romeinse boord, met dat giechelend vrouwvolk een patisserie binnen en trakteerde ze allemaal op een ijscoupe.

Sebrechts had de gewoonte om in de zomervakantie leerlingen thuis te gaan opzoeken. Zo kon hij er zich rekenschap van geven hoe het er daar aan toe ging. Zelf reed hij geen auto, dus charterde hij een taxi om Klein-Brabant rond te toeren. Bij zijn eerste bezoek bij ons thuis in 1962, had hij voor mij *Verschuerens Modern Woordenboek* meegenomen als cadeau. Het eerste woordenboek, buiten de Prismaatjes Nederlands-Frans en Nederlands-Engels van mijn broer, dat ons huis binnenkwam. Het is voor mij een relikwie.

Begin juli 1965 kaapte hij het Volkswagentje van onze leraar Duits, *Jozef Boets* (later bekend als de eminente Gezellekenner), om met drie meisjes van 16 – ik was er één van – Reims en Laon te gaan bezoeken. Allicht durfde de goede Boets dat niet te weigeren. Hijzelf voelde zich namelijk niet zo goed in het gezelschap van drie vrouwelijke tieners, onhandige en schut-

de klassieke muziek te geven. Of tot de literatuur. Met kerstmis kwam hij binnenwandelen met een pick-up en de *Messiah* van *Händel* en met Pasen organiseerde hij een uitstapje naar Antwerpen om samen naar de *Matthäuspassie* van *Bach* te gaan luisteren. Met vooraf toelichting en later een nabespreking. Ik vergeet nooit de dag dat ik voor het eerst in de rode pluche van de opera zat te luisteren naar het zielsmooie 'Ich habe genug'. Een pure gelukservaring.

Jan Sebrechts leerde mij onder andere ook *Jean-Paul Sartre, Simone de Beauvoir* en *Albert Camus* kennen. In de zomervakanties 'plaatste' hij leerlingen voor een paar weken in Franstalige gezinnen, ter vervolmaking van de tweede landstaal, zoals dat toen heette.

Zo belandde ik op mijn zestiende voor een zomermaand als kinderoppas in het zeer burgerlijke gezin van dokter *Van den Eynde* in Genval. Sebrechts leverde mij daar persoonlijk af, alweer met een door hem gecharterde chauffeur. Opnieuw een confrontatie met een wereld die heel ver af lag van mijn thuisomgeving. Maar dank zij het gebrabbel van de drie kleuters, *Claire, Benoit* en *François*, overwon ik mijn angst om Frans te spreken. Ik heb in dat huis ook heel veel Maigrets gelezen, 's avonds als de kinderen in bed lagen. De taal was trouwens niet het enige wat ik daar opstak. Ik herinner me dat ik geterroriseerd was wanneer ik de telefoon moest aannemen als ik alleen thuis was met de kinderen. Mevrouw Van den Eynde had me nochtans zorgvuldig uitgelegd hoe ik dat moest doen, wat ik moest antwoorden. Ik had immers nog nooit eerder getelefoneerd. Pijnlijk werd ik me er daar ook van bewust hoe mijn goedkope kleren en de bonte keuze van mijn moeder, die de kleren kocht, afstaken tegen de discrete, maar dure goede smaak van dit welgestelde gezin.

elegante bril op de neus. Hij hield ons in de gaten met zijn twinkelende grijze ogen die ook heel streng konden kijken.

Hij was de eerste in heel die schoolwissel die ook vragen stelde aan mij. Meteen had hij afgesproken met mijn ouders dat ik op zondagmorgen naar zijn bijles Frans zou komen. We waren met een stuk of tien uit kleinere dorpsscholen. *Les six chemises de l'archiduchesse... Un chasseur sachant chasser sans son chien de chasse...* Met een lineaal tussen je tanden, tot je het goed uitsprak. Eindeloos werkwoorden drillen, woordenschat inpompen, eenvoudige conversaties voeren in de taal van *Molière*. Dat deed hij met ons maanden aan een stuk, twee uur na elkaar, elke zondagmorgen, zonder daarvoor iets terug te vragen, behalve onze inspanning en onze belangstelling.

Strikt genomen was het belangrijkste in de handelsafdeling dat je, aan het eind van zes jaar middelbaar, inzicht had in boekhouding, perfect kon typen, kon stenograferen in drie talen, liefst tegen een hoog tempo, en dat je zelfstandig zakelijke brieven kon opstellen. Het meeste daarvan heb ik daar ook wel geleerd. Hoewel mijn balansen zelden klopten en ik eens herexamen had voor typen. Maar voor mij leek het op school nooit daarom te draaien.

Onder de invloed van Jan Sebrechts heerste op deze school een sfeer die als motto het 'plus est en vous' zou hebben kunnen voeren. De man zocht rusteloos naar zaken waarmee hij zijn leerlingen zou kunnen boeien. Goed wetende dat de meerderheid ervan thuis nauwelijks cultuur kreeg aangeboden, speurde hij naar de begaafden en de leergierigen om hen op dat vlak te stimuleren.

Hij was ook godsdienstleraar. Maar vaak waren zijn lessen slechts een voorwendsel om bijvoorbeeld een introductie tot

Mijn eerste rebelse daad, en de enige in mijn leven die mij een draai om de oren van mijn vader opleverde, was op de drempel van het nieuwe schooljaar, op mijn twaalfde, zonder medeweten van wie dan ook, naar de kapster te stappen en mijn lange zwarte haar drastisch te laten terugsnoeien tot een gemillimeterd 'jongenskopje'. Misschien wel de eerste symbolische stap van het brave kleine meisje naar wie ik later met pijn en moeite geworden ben.

Het *Sint-Angela-Instituut* in Puurs waar ik op 1 september 1961 aan mijn zes jaar middelbare school begon, stond zelf nog in zijn kinderschoenen. De technische afdeling snit&naad, er was ook een beroepsafdeling, werd een paar jaar eerder omgevormd tot een A6/A2 handel. Mijn klas zou de derde zijn die er een diploma behaalde.

De achtergrond daarvan was allicht de uitbreiding van de industriezone langs de N16. Van daaruit was zeker ook het advies van het regionale PMS-centrum te verklaren: er zouden in de komende jaren veel bedienden nodig zijn om al die kantoren van de – toen vooral farmaceutische – industrie te bevolken. Werk in eigen streek. Toen al speelden school en industrie duidelijk naadloos op elkaar in in die streek, en niet alleen daar.

De eerste afspraak in de school, de deftige spreekkamer met houten lambriseringen, bepaalde meteen de loop van de komende jaren. *Jan Sebrechts*, de directeur, monsterde mijn schoolrapporten. De man was – maar dat besefte ik toen nog niet – de bezieler van een school die haar leerlingen veel meer heeft gegeven dan in het leerprogramma voorzien was. Hij was een statige verschijning, een aristocraat uit de Kempen, toen nog in toga, maar niet zo veel later in een parelgrijs pak met een onberispelijke coupe, altijd een fijn geurig sigaartje in de mondhoek,

Marx,
Mao en
Sint-Angela

het zesde leerjaar had ik het geluk gehad met de vier besten van mijn klas een bijzondere behandeling te krijgen. De directrice van de school, zuster Ferdinande, had nog maar een paar leerlingen in de zevende klas, die op verdwijnen stond. Ze besloot de vier besten van het zesde erbij te nemen. Daardoor kregen we extra veel aandacht en leerstof van deze zeer intelligente vrouw. Een uitstekende voorbereiding op de humaniora, zou je denken.

Maar dat was zonder de adviseur van het PMS gerekend. Ook dat moment staat als een foto in mijn geheugen gegrift. Ik zit met mijn vader bij meneer *Dillen*, de adviseur, in Willebroek. De resultaten van de tests worden doorgenomen en zijn schitterend. Maar de goede man zegt zalvend tegen mijn vader – ik zit er voor spek en bonen bij, kinderen moesten in die tijd liefst zwijgen – dat het toch beter is mij naar de technische school, afdeling handel, te sturen. Zo kan ik op mijn achttiende mijn boterham verdienen. Boekhouding, handelscorrespondentie, typen, stenografie, dat waren nuttige vakken in zijn ogen. En niemand die er ook maar over denkt om dat advies in de wind te slaan. Wist mijn vader veel dat op dat moment veel deuren dichtvielen voor mij. Deuren die ik later, met veel moeite, zou moeten openbreken.

banger worden, een muis die onder gods voet vertrapt werd.

Terugkijkend is het vooral de tegenstelling die mij treft. Mijn vader was een sociaal geëngageerd man, die nadacht over het leven. Toch besefte hij pas tegen het einde van zijn leven ten volle – te laat en dat maakte hem bitter – dat hij in een raderwerk zat, dat hij lange tijd dacht te kennen en te beheersen, maar dat werd bediend van op een ander niveau. Hij had er geen greep op en werd er uiteindelijk in vermalen. Hij voelde zich als oudere, zieke man gebruikt, zowel door de kerk als door de arbeidersbeweging.

Het demoniseren van de socialisten, die uit waren op 'het tegen elkaar opzetten van de mensen', de slogans over het 'goddeloze Marxisme' dat dreigde als men de socialisten liet doen. Op straat komen voor de terugkeer van Leopold ten tijde van de koningskwestie. In de schoolstrijd betogen voor 'de ziel van het kind'. Hij stond altijd klaar als ze hem nodig hadden. Misschien had hij dat zelf wel nodig, het veilige gevoel van aan de 'goede' kant te staan, de beschaafde kant waarnaar hij op zoek was. Geen schorremorrie meer te zijn, niet langer de jongen uit de Lebbeekse cité. Waardigheid verwerven.

Mijn broer, Karel, die in die tijd stotterde, was – zoals het een jongen uit het arbeidersmilieu paste – terechtgekomen op de Provinciale Technische Scholen in Boom. Met zijn handicap kon hij maar beter met zijn handen gaan werken, redeneerde men. Tegen de tijd dat ik twaalf was, maakte hij zijn middelbare school af. Hij had het geluk dat er op die school net een hogere opleiding technisch ingenieur werd opgestart, waarvoor men die goede leerling geschikt achtte. Hij slaagde daar jaar na jaar met brio.

En toen kwam mijn tijd om de lagere school te verlaten. In

de pas te lopen. Aan de vanzelfsprekendheid waarmee de pastoor samen met de – uiteraard ook katholieke – burgemeester het dorp bestuurde, durfde haast niemand te tornen.

Het dorpse katholicisme had ook perfide trekjes. Niet alle kinderen gods waren blijkbaar gelijk. Wie bij zijn plechtige communie een eenvoudig, of – zoals ik – tweedehands kleed droeg, werd onverbiddelijk naar de laatste rij in de kerk verwezen. De meisjes met de mooiste en duurste communiekleden pronkten vooraan. De nonnen, onder hun wuivende witte gesteven kappen, taxeerden ons hooghartig. Ook in de jaarlijkse processies was de verdeling van de rollen strikt hiërarchisch. De rol van heiligen en de vele uitbeeldingen van de Lievevrouw, kwamen steevast toe aan kinderen van de betere en de vroomste families, de grootste weldoeners van kerk en school. De anderen, waartoe ik behoorde, waren slechts decor en moesten geen hoop koesteren om ook een keer in het centrum van de belangstelling te staan. Je moest je plaats kennen.

Op geregelde tijdstippen kwamen de 'missiepaters' langs in Mariekerke, zoals elders in Vlaanderen. Het hele dorp zat dan een week lang iedere avond onder de kansel in de slecht verlichte kerk, luisterend naar een donderende stem die over hel en verdoemenis preekte en over 'bekering'. De paters gingen de huizen langs om de mensen nog eens persoonlijk op hun christelijke plichten te wijzen, waarschijnlijk goed geïnformeerd over hun (wan)gedrag door de pastoor. Mijn vader nam mij een keer aan de hand mee naar zo'n avondlijke preek. Kinderen waren niet altijd toegelaten: de 'volwassen' onderwerpen waren immers niet voor kleine oren bestemd. Zwaar onder de indruk was ik, de rillingen liepen mij over de rug. Ik was nog heel klein, acht misschien, maar ik voelde me steeds kleiner en

Toch was hij een van mijn vaders helden, net als de toen jonge *Gust Cool*, voorzitter van het ACV, en *August Van Istendael*, voorzitter van het *Internationaal Christelijk Vakverbond*. Mannen die congressen konden opzwepen.

De avonden en de weekends die mijn vader besteedde aan vakbondswerk zijn niet te tellen. *Raak*, het in die tijd al progressieve en zelfs ietwat rebelse ledenblad van KWB, en *De Gids op Maatschappelijk Gebied*, het opinieblad van de christelijke arbeidersbeweging, waren zijn bijbel en zijn vorming tegelijk.

Eind jaren vijftig volgde hij elke maandag in Mechelen een opleiding tot maatschappelijk werker, georganiseerd door het ACV. Toen er een betrekking kwam als vrijgestelde in Puurs, greep hij naast de job, omdat de deken van Puurs besliste dat de tweede kandidaat, uit zijn eigen parochie, voorrang moest krijgen. Ik denk dat het voor mijn vader toen daagde hoe zwaar in die tijd de klauw van de kerk op die vakbeweging woog. Dat niet de arbeider het daar voor het zeggen had. Dat in die tijd wat goed was voor de christelijke werkman ver boven zijn hoofd werd uitgemaakt.

Katholiek zijn en iedere zondag naar de mis gaan, was in de jaren vijftig in een dorp als Mariekerke vanzelfsprekend. Wie zich buiten die kring stelde, werd door de goegemeente bekeken als uitschot. Socialisten, dat waren 'baarlijke duivels'. Ook in ons dorp was er een bescheiden Volkshuis, maar thuis gold een streng verbod om daar een voet binnen te zetten. Daar zat volgens mijn moeder 'slecht volk'. Toen de eerste prefab rijksschool in Sint-Amands werd gebouwd, werd uitvoerig commentaar geleverd op de 'barakskes'. Wie daar zijn kinderen naartoe stuurde, moest wel van het kantje zijn.

Wie niet wilde uitgesloten worden, had er alle belang bij in

heb nooit gehouden van de sprookjes van Grimm en Andersen, die vaak hard en droef zijn.

Mijn vader had zijn eigen ontsnappingsroute: het amateurtoneel. Iets wat mijn moeder net zo goed tijdsverspilling vond. Het was nochtans zijn lust en zijn leven. Samen met zijn vrienden van de KWB een stuk uitkiezen, weken lang een of twee keer repeteren, zijn tekst uit het hoofd leren, zich inleven in 'zijn' rol, in een ander leven. Met tot slot de apotheose, de vertoning in de parochiezaal. Hij werd in het dorp gewaardeerd voor de 'karakterrollen' die hij speelde. Op die manier kon hij zichzelf overstijgen, iets waarvan hij al droomde als kind. Hij werd bij zo'n vertoning iets meer dan de arbeider uit de schoenfabriek die hij alle dagen was. Ik vond het fascinerend om die transformatie van mijn vader op dat podium gade te slaan. Trots was ik op hem bij die voorstellingen. Van het applaus dat hij kreeg, genoot ik bijna zoveel als hijzelf.

Een vakbondsmilitant was hij, mijn vader... Al heel jong geengageerd binnen het ACV (Algemeen Christelijk Vakverbond) en de KWB (Katholieke Werkliedenbond). Van bij de eerste sociale verkiezingen ooit, in 1950, stond hij op lijsten als afgevaardigde. Eén van de weinige boeken die hij in huis had, een boek dat hij las en herlas was *Zo streed Eylenbosch* van *Robert Rock*. Een hagiografie van de eerste voorzitter van Algemeen Christelijk Vakverbond, in 1954 uitgegeven bij de honderdste verjaardag van de oprichting van de christelijke vakbeweging en, ter inspiratie van de toen 650.000 leden, op grote schaal verspreid.

Gustaaf Eylenbosch, de zeer vrome, gezagsgetrouwe, katholieke paternalist, moest voor hen worden wat *Eduard Anseele* voor de socialisten was en is. Maar de man, die zeker veel verdiensten had, heeft de geschiedenis nauwelijks overleefd.

op hun werk waren, nam af. Ik was immers hele middagen ver weg in een of ander Scandinavisch, Hollands of Brits landschap, waar meisjes en jongens spannende avonturen beleefden.

In ijltempo heb ik mij in de bibliotheek door de schappen gewerkt. Per week mocht je maximum vijf boeken meenemen, ik nam er altijd vijf mee. Je moest ervoor betalen, maar daar gaf ik graag al mijn luttele zakgeld aan. Alleen was het moeilijk onder de ogen van mijn moeder te lezen, zij vond dat immers verspilde tijd. Met je neus in de boeken kon je volgens haar niks leren. Ik moest leren koken, wassen, strijken, poetsen, daar had je iets aan in het leven. Ik raffelde de klussen zo snel mogelijk af, om weer in mijn lectuur te duiken.

Mijn broer Karel en ik hadden nog een andere belangrijke taak thuis. Elke zaterdag moesten we ieder afzonderlijk, op de fiets met twee grote tassen aan het stuur, de door mijn vader gerepareerde schoenen wegbrengen en kapotte schoenen ophalen bij de klanten. Karel kreeg de verste klanten, ik degene die in een paar straten rond ons huis woonden. Ik zal niet veel ouder dan tien geweest zijn toen ik dat voor het eerst moest doen. Op de zool stond met krijt de naam en de prijs geschreven. Het moeilijkste was weggestuurd worden zonder dat er betaald was, want dat moesten we daarna aan moeder vertellen. Er zwaaide dan wat omdat we ons hadden laten afschepen met lege handen.

Vaak had ik het heel erg nodig om te vluchten in zo'n avontuurlijk kinderboek, waarin moeders altijd op hun kinderen zaten te wachten met thee en koekjes. Waarin de wereld mooi en vriendelijk was. Waarin kinderen niet zo veel verantwoordelijkheid op de schouders geladen kregen. Ik

cetische non, *Zuster Margriet*. Een strenge, bleke vrouw die haar leerlingen wou doordringen met haar eigen vroomheid.

Op woensdagmorgen werden er van ons, negen- en tienjarigen, verwacht dat we naar de mis gingen, nuchter uiteraard, voor de communie. De aanwezigheden werden met stempels op een kaart gecontroleerd. Dat was thuis een hele organisatie. Ons huis lag helemaal aan het andere uiterste van het dorp dan de kerk. Door het donker op mijn fietsje ging ik er in mijn eentje naartoe tegen zeven uur, met in mijn boekentasje een pakje boterhammen.

Andere kinderen gingen na de mis weer naar huis. Ik ging moederziel alleen de grote lege school binnen, mijn boterhammetjes opeten, in mijn met een 'toile-cireetje' bedekte bank. Zuster Margriet bracht mij dan koffie vanuit het warme gezellige zustershuis, waar kinderen niet verder dan de keukendrempel mochten komen. Ze liet mij vooral goed voelen wat voor een gunst ze mij verschafte en hoe ze de situatie afkeurde. Ik voelde mij die ochtenden erg ongelukkig, van god en de wereld verlaten, de uitzondering. Later op de dag schepte zuster Margriet er een hels genoegen in om mij op de trede te vragen om een stuk catechismus op te dreunen, dat ik niet uit het hoofd kende. Ik had dat toch wel kunnen leren voor schooltijd, snauwde ze me toe, ik had ruim de tijd gehad. Maar in die onbewaakte momenten snuffelde ik liever in haar kasten in de klas. Ze liet geen kans voorbij gaan om mij te laten voelen dat ik verschilde van de anderen...

Mijn toevlucht zodra ik een jaar of tien was, werd de bibliotheek in Sint-Amands op zondagochtend. Toen ik daar de weg naartoe had gevonden, ging een andere wereld voor mij open. De behoefte om door het dorp te zwerven, als vader en moeder

Na schooltijd werd van mij en mijn broer verwacht dat we aardappelen schilden, boodschappen deden, de vloer dweilden en andere klussen opknapten in huis. Als we de opdrachten niet hadden afgewerkt, zwaaide er wat. Of als we ruzie maakten, wat meer dan eens gebeurde: logisch als een jongen van vijftien met een zusje van negen opgescheept zit... Mijn nerveuze moeder had trouwens wapperende handen en bediende zich ook geregeld van een pantoffel om ons haar wetten in te peperen.

Op de toen nog vrije donderdagmiddag zwierf ik vaak een beetje rond met mijn fiets, belandde bij het een of ander schoolvriendinnetje waar ik dan heel dikwijls mee aan tafel schoof. Ik droomde vaak samen met *Jeannine Stevens* op haar ruime meisjeskamer vol romantische frutsels. Naast mijn bed thuis kon je immers net staan, de kast ging niet verder open dan op een kier, de muren waren vochtig en kil. Maar ik was al heel blij dat ik na twee jaar een eigen kamertje had. De kleinste in huis kreeg het kleinste hokje, en het is altijd mijn hokje gebleven, ook toen mijn broer al de deur uit was.

Als ik bijvoorbeeld naar de tandarts moest (met tandpijn, want van geregelde bezoeken was geen sprake vanwege te duur) namen de oudere dochters Van Eetvelt mij mee naar het ziekenhuis in Bornem. Mijn moeder kon zich daarvoor immers onmogelijk vrij maken. Daarna bleef ik bij hen thuis rondhangen tot 's avonds. Zo'n dorp had in die tijd gelukkig familiale en gastvrije trekjes. Ik zoog mij in die gezinnen vol met de gezelligheid die ik thuis niet vond. Zag een manier van leven die fel verschilde van de onze. Mijn moeder werkte, deed zo veel mogelijk overuren, kwam doodop thuis, ze had geen tijd voor franje.

In het derde en vierde leerjaar zat ik in de klas bij een as-

toilet: bij ons thuis was het een plank met een gat erin, buiten. Bij Maria Prinsen aten ze toen al met mes en vork aan een mooi gedekte tafel. De boeren naast onze deur aten met z'n allen met lepels uit één pot. Wij aten al met een vork, het Tide-bestek met de drie bloemetjes op het heft, is jaren meegegaan.

Maria Prinsen was een vrolijke, gulle vrouw. Bij het begin van de kerstvakantie gaf ze me zakgeld. Als de weerlicht reed ik voor mijn moeder uit naar huis, want ik wou onderweg voor haar een cadeautje kopen, een glimmende glazen piek voor op de kerstboom.

Die heeft niet lang geleefd. De toorn over het volgens haar dwaas uitgeven van geld dat zij goed kon gebruiken was zo hoog, dat ze de piek meteen aan gruzelementen sloeg. De afkeuring en de afwijzing van dat moment zijn mij een leven lang bijgebleven. Weet een kind veel hoe moeilijk het is de eindjes aan elkaar te knopen... Beseft een moeder de liefde van een kind dat iets wil teruggeven? En het effect van de weigering?

Pas veel later heb ik me gerealiseerd dat we in die tijd op vrijdag vaak alleen aardappels en een ei kregen omdat er geen geld meer was voor iets anders aan het eind van de week. Bij tante Adrienne, wiens man een vishandel dreef, was er soms al eens een rode poon over na de markt, of kabeljauwkaakjes die niemand anders toen wilde. Dat was bij ons feest in huis.

Toen mijn moeder fulltime ging werken in de *nieuwkuis-droogkuis Alniw* in het dorp – het was er altijd bloedheet en zeker niet gezond – werd ik een sleutelkind. Als zij de deur uitging 's morgens vroeg, ruim voor ik naar school moest vertrekken, ging ik naar twee wat oudere buurmeisjes, omdat ze me niet alleen thuis wilde laten. Meestal kwamen die pas slaperig uit bed toen ik al gelaarsd en gespoord bij hen aankwam.

zaagd en die opnieuw was gelakt. Hij had immers een grote fiets gekregen om naar school te gaan. Op een paar kaatsballen, een springtouw, een hoelahoep en wat knikkers na, kan ik mij geen ander speelgoed herinneren.

In onze straat woonde een schoolvriendinnetje, *Gerda Van den Eede*. Zij was 's winters vaak ziek en blij met bezoek. Ik beken eerlijk dat ik graag naar haar toe ging, omdat ze prachtige legoblokken had en veel boeken. Ze hadden daar een echte bibliotheekkast met onder andere de complete *Courts Mahler*, romantiek die we als meisjes verslonden. Er was ook een grote boomgaard, waarin het 's zomers heerlijk ravotten was. En bovenal was er de televisie. Nonkel Bob en tante Ria lokten mij naar Gerda. Onze eerste televisie werd pas in 1965 door mijn broer in elkaar gestoken met een bouwdoos. Hij was tenslotte net technisch ingenieur elektronica geworden en bovenal was het goedkoper. De constructie van de antenne op het dak en het zelfbedachte systeem om die, met een oud autostuur, van binnenuit te doen draaien, was een hele onderneming.

Mijn moeder poetste in 1956-58 bij haar tante Adrienne, aan wie ze de lening van het huis moest afbetalen. Een paar dagen per week poetste ze ook bij *Maria Prinsen*, een dame uit Antwerpen, die getrouwd was met *Roger Vergauwen*, de plaatselijke drankslijter-biersteker-limonadefabrikant. Hun huis in de Omgangstraat was een van de mooiste van het dorp. Na schooltijd reed ik met mijn fietsje naar daar en mocht met mijn moeder door het huis en door het limonadefabriekje dwalen terwijl ze werkte. In mijn ogen was het ruime burgerhuis, gebouwd in 1912, een paleisje. Kamers *en suite*, gescheiden door hoge vleugeldeuren, ruime slaapkamers met grote bedden, kanten gordijnen en spreien, een badkamer die wij niet hadden en een echt

Ik wil mezelf graag voorhouden dat ik een gelukkig kind was. Maar als foto's staan belevenissen in mijn geheugen gegrift, die een lichtjes ander verhaal vertellen.

Een slim kind was ik zeker, het primusje van de klas, het wijsneusje. Mijn ouders vonden mij zeker ook een mooi kind. Mijn moeder had er plezier in de kleuter die ik was, op te tuigen met grote strikken in mijn pluishaar. Mijn vader heeft heel lang zelf schoentjes gemaakt voor mij en mijn broer. Witte voor 's zomers en bruine, zwarte of blauwe voor 's winters, al naargelang hij een voordelig couponnetje leer vond bij Tannerie Windey. Niemand had dezelfde schoenen als wij, dat was zowat het enige wat uniek was.

Mijn speelgoed was het ook wel, op zijn manier. Het weinige dat ik had. Zo kreeg ik die ene Sinterklaas, ik was zes, een poppenbedje dat nog rook naar verse verf. Mijn vader had het de avond ervoor in elkaar getimmerd uit stukjes afvalhout. Het beddengoed leek verdacht veel op de overgordijnen die een paar maand daarvoor nog in de woonkamer hingen.

Bij een boerenfamilie in de buurt logeerde even later een meisje uit Brussel. Die had een foto, een echte foto, bij zich van de grote luxueuze pop die ze kreeg voor Sinterklaas. Ze gaf me met een gul gebaar die foto, zij had toch de pop. Ik denk dat het mijn eerste grote leugen was, dat ik probeerde de meisjes uit mijn klas wijs te maken dat die pop van mij was. Ik had dat wel gewild. Doodsbang was ik dat mijn leugen aan het licht zou komen. Veel gevaar daarvoor was er niet, want mijn moeder wou niet dat er vreemde kinderen bij ons thuis kwamen spelen. Het huis was veel te klein voor meer dan vier mensen tegelijk.

De volgende Sinterklaas kreeg ik een fiets, eindelijk. Het was de jongensfiets van mijn broer, waarvan de stang was doorge-

Ik hield niet van Andersen en Grimm

en Grimm
Andersen
niet van
Ik hield

trekken, dat wel. Al snel wordt ze met de trein naar Antwerpen gestuurd om te gaan ‘dienen’ op het Zuid, net als haar zus die nog meid geweest is in het huis van de legendarische vliegenier *Jan Olieslaegers*. Mijn moeder weet geen weg met tederheid, met gevoelens. Mijn vader, die heeft tederheid over. Ik zie haar hem afweren met een ‘zot!’. Zo klein als ik ben, ben ik boos op haar. Voel ik dat de vader, die ik zo aanbid, verongelijkt wordt. Met de jaren zie ik zijn zachte blik melancholischer worden.

Ik zit thuis op een laag krukje bewonderend toe te kijken, als onder mijn vaders handen prachtige schoenen groeien. Hij is een ongelooflijk vakman, maar heeft geen zier zakelijk talent. Hij blijft arbeider in de schoenfabriek en enkele jaren later zal hij geen schoenen op maat meer moeten maken voor zijn vaste klanten, want in de winkel worden de schoenen steeds goedkoper. Hij blijft wel schoenlapper. Naast zijn job in de fabriek. Mijn moeder is kwaad en zegt dat mijn vader zich niet genoeg laat betalen, dat hij de mensen te veel krediet geeft. Dat hij boter bij de vis moet eisen.

Zij droomt van meer geld in haar portemonnee. Geld voor de verbouwingen aan het huis. Geld voor mooie kleren. Mijn moeder houdt van vazen en sierstukken voor op de schouw. Ze spaart *Fort*-bonnetjes om eindelijk een deftig servies bij elkaar te krijgen en *Tide*-bonnetjes voor bestek. Ze slikt veel poeders van het *Witte Kruis*, want ze heeft altijd hoofdpijn en ze is altijd moe. Ze stuurt mij er om naar het winkeltje van *Céléstine* op de hoek: vier poeders per keer, maar wel heel vaak.

Elke vrijdag schrobt ze de stoep voor het huis, harkt ze de tuin aan en zeemt ze de vensters tot ze glimmen. Want wat de mensen van ons denken, is heel belangrijk. We zijn wel arm, maar proper. Vooral heel proper. Dan valt dat armtierige minder op. Niemand zal van haar kunnen zeggen dat ze haar huishouden niet goed doet. Dat ze haar plicht niet vervult. Voor kinderen op schoot nemen, verhaaltjes vertellen of liedjes zingen, is er geen tijd. Komt ze er niet aan toe? Of kan ze het niet? Ik denk niet dat iemand ooit tijd maakte om dat met haar te doen toen ze een kind was. Zij werkte al mee in het huishouden toen ze dertien was: gedaan met school, gedaan met spelen. Ze heeft nooit deftig leren lezen en schrijven, ze kan haar plan

werkt, brengt mij een paar glimmende sprookjesboeken mee die ik wel honderd keer lees en herlees. Ik herinner me vooral het verhaal van Doornroosje, een prinses die honderd jaar zou slapen maar tot leven werd gewekt door de kus van een dappere prins. Het zijn mijn eerste boeken, ik koester ze vele jaren. Niet veel later zit ik met mijn neus in de paar boeken van mijn broer, over helden als *Willem Van Saeftinghe* en *Jean Bart*.

In de grote vakantie, als ik verlost ben van het gips en eindelijk terug mag en kan lopen, ravot ik met de jongens uit de buurt. Ik val op een zaterdag met mijn schone kleren aan in een mestvaalt vol drek. Ik zit hoog op de hooikar, ga mee aardappels rooien en leer asperges steken. Ik dwaal met mijn vader langs de veldwegen op lange zomeravonden. Hij is gelukkig als hij mij vogels en bloemen kan aanwijzen, mij kan leren hoe ik met een conservenblik met gaatjes stekelbaarsjes moet vangen, hoe ik een meikever uit de haag moet schudden en hem een draadje om zijn poot moet binden. Hij straalt als hij bramen kan plukken met mij, mij kan leren hoe ik jonge slaplantjes in de grond moet stoppen, mij kan vertellen hoe 'schildersverdriet' aan zijn naam kwam. Mijn hand in de droge eeltige hand van mijn vader, er is niks mooiers. Ik ben al lang blij dat de nare tijd van ruzies en 'nergens thuis zijn', voorbij is. Ook al moet ik een slaapkamertje delen met mijn broer en is het ver stappen naar school.

Mijn vader werkt nog steeds even hard. Ik mag, achterop de fiets, mee met hem als hij de maat gaat nemen bij een man met een horrelvoet voor wie hij bottines maakt. Ik mag mee leer gaan kopen in de *Tannerie Windey* in Dendermonde. Een feest vind ik dat, al die lekker ruikende vellen leer, waaraan ik mag voelen en waarnaar ik mag kijken, de kleuren, het aanvoelen.

opgehaald worden uit een gemeenschappelijke waterput voor drie huizen. Maar er is een kleine tuin, het open veld is vlakbij en de familie zit ons niet meer op de lip. Het is 1955. Mijn vader neemt zich voor om elk jaar iets te verbeteren aan het huis. Het wordt een eindeloos project, dat zal doorgaan tot ik op mijn tweeëntwintigste het huis uit ga.

Met de verhuis naar Mariekerke ben ik daar opnieuw op de meisjesschool beland. Ik begin in september de eerste klas voor de tweede keer. Ben gek op de rekendozen met de gekleurde houten staafjes en blokjes. En op mijn lei en mijn griffel. Ik hou van de geur van natte kleren in de gang en de hoge kachel die in de winter staat te gloeien midden in de dubbele klas: aan de tuinkant zit het tweede studiejaar, aan de speelplaatskant het eerste.

In mei rijdt een fietser mij ondersteboven, mijn rechterbeen moet voor zes weken in het gips, van mijn heup tot mijn kleine teen. Ik lig op de canapé en mag niet bewegen.

Mijn moeder, die om de lening af te betalen als schoonmaakster werkt bij *tante Adrienne*, moet mij geregeld voor een halve dag alleen laten. Een buurvrouw brengt een stapel oude *Libelle/Rosita's* en *Goed Nieuws voor de Vrouw*, zodat ik me kan bezighouden. Ik leer sneller lezen op die manier dan ik dat in de klas bij *juffrouw Irene* had kunnen doen. Ik spel de 'Vraag het aan Vera'-rubriek, de vervolgverhalen, de keukenrecepten. Mijn moeder kocht zelf nooit vrouwenbladen, maar ik beleefde er toen veel plezier aan. Ik kon erbij wegdromen, weg van mijn canapé in de donkere huiskamer. Wist ik toen veel hoe belangrijk ze later in mijn leven zouden worden.

Godelieve, de toen nog ongetrouwde tante die maar negentien jaar ouder is dan ik en als *vendeuse* in de *Sarma* in Brussel

en zijn rood caoutchouc duivelsmombakkes, dat hij met karnaval graag bovenhaalt om de kleine kinderen bang te maken. De jonge duifjes die hij apart hield voor de kleinkinderen, om aan te sterken.

Van mijn grootmoeder zeggen ze in het dorp dat ze twee stenen kan doen vechten. Vosse Trees heeft rood haar, als koperdraad, en een scherpe stem. Haar voorkeuren steekt ze niet onder stoelen of banken. Ik behoor niet tot haar lievelingen. Ons nest is ànders. Voor onze nieuwjaar krijgen mijn nichtje *Marie-Louise Saeys* en ik allebei een naaidoos, zij een grote, ik een kleine. Mijn relatie met Trees blijft haar hele verdere leven dubbelzinnig. Geregeld probeer ik haar voor mij te winnen in de jaren die volgen, maar het duurt nooit lang, het lukt nooit echt. Ik heb altijd het gevoel buiten de cirkel te staan. Die vreselijke maanden vol ruzie, waarmee ik als kind niets te maken heb, zullen altijd tussen ons in blijven hangen.

Mijn vader heeft aan niets een grotere hekel dan aan dronkemansruzies. Hij wil zo vlug mogelijk weg uit het huis van mijn grootmoeder, niet langer 'merci' moeten zeggen tegen iemand van die familie. In de nasleep van het overlijden van mijn grootvader gaan de ruzies nog feller door dan voorheen. Charel is er niet meer om zijn stem te verheffen en knopen door te hakken. Om het op te nemen voor zijn oudste dochter.

Met geld dat ze lenen van een tante van mijn moeder, kopen mijn ouders een minuscuul huisje aan de rand van het dorp. De *Heikant*, waar dat huis ligt, is een soort niemandsland tussen Mariekerke, Bornem en Sint-Amands, waar vooral boeren wonen. Het huis is laag, donker en vochtig. In de kamertjes kun je nauwelijks bewegen tussen de weinige meubels die er staan. Er is geen stromend water, elke dag moeten er vele volle emmers

kerke, die naast de deur ligt, is altijd aanwezig, alles is ervan doordrongen.

Als mijn peter Charel en zijn zonen gedronken hebben, lopen de spanningen hoog op. Mijn grootmoeder Trees lijkt te genieten van de ruzies, ze schreeuwt als een hysterische furie. Iets waar ook mijn moeder en tante Henriette goed in zijn. Ik ben een kind van zes en snap niet altijd waarover het gaat. Ik vlucht zoveel mogelijk het huis uit, naar vriendinnetjes, waar het thuis rustig is. Of naar Caroline Van Eetvelt, de buurvrouw van vroeger, ook al woont die een paar straten verder. Bij Caroline is iedereen welkom, er zitten altijd vreemde kinderen mee aan tafel. Ze moeten mij daar in die maanden geregeld komen halen.

Waar maken dronken mannen ruzie over? Over geld, over jaloezie, over eer. Mijn vader, die als zoon van een alcoholist gezworen heeft geen druppel alcohol aan te raken, kan zich niet verweren in dit gezelschap. Ze lachen hem uit. De rabauwen schelden hem uit voor zwakkeling en lafaard. Naar mijn grootmoeders maatstaven is hij geen man. Het is niet de eerste en niet de laatste keer dat ik tranen van machteloosheid in zijn ogen zie. Maar hij blijft waardig, laat zich niet provoceren. Voor mij is mijn vader de enige van wie ik nooit bang hoef te zijn.

Op een nacht in februari is het huis vol rumoer. Ik ga naar beneden. De hele familie is er, de vrouwen huilen hartverscheurend, de mannen vloeken. Peter Charel is plots gestorven. Ik mag hem niet zien. Hij ligt in de voorkamer opgebaard, alleen een glazen deur scheidt me van hem. Het is niet goed voor kleine kinderen om dode mensen te zien, vinden mijn moeder en mijn grootmoeder Trees. Mijn grootvader, die ik maar heel kort gekend heb, wordt een beeld voor mij: zijn schippersklak

mijn twee grootmoeders, bijna al mijn tantes en nonkels van vaderskant en een hele hoop neefjes en nichtjes. Het huis waar we gaan wonen is veel groter en veel lichter dan dat waar we vandaan komen en er is een – in mijn herinnering reusachtige – boomgaard. Ik voel me in het paradijs. Huppelend loop ik dagelijks de straat uit naar mijn tante Delphine en via het pad langs het kasteel van De Naeyer naar mijn tante Lea en mijn grootmoeder. Mijn moeder heeft een viswinkel in de voorste kamer van het huis. Haar broer Theophiel is de leverancier.

Ik mag, samen met mijn nichtje *Annie De Backer*, naar de eerste klas bij *zuster Raymonda*, waar ik leer lezen en schrijven. Een jaar te vroeg, maar het gaat me goed af. De smaak van koele schoolmelk in glazen flessen zal voor altijd mijn sterkste herinnering aan de eerste klas in Lebbeke zijn.

Het lukt niet met de viswinkel. Er is weinig passage in de straat, de klanten komen niet. Mijn moeder wil na een paar maanden terug naar haar dorp, ze is ziek. Ziek van heimwee? Het financiële débacle is waarschijnlijk ook groot. Maar daarover wordt niet gepraat, nooit.

Er is in Mariekerke, dat kleine dorp van 1800 mensen, niet meteen een huis waar we kunnen intrekken. Dus krijgen we onderdak bij mijn grootouders. In alweer een piepklein huis. Wij slapen met vieren op een kleine zolder, met twee slaapkamers, waar ook nog mijn ongetrouwde nonkel *Richard* slaapt. Mijn grootouders verhuizen hun bed naar de voorkamer. De woonkamer en het pomphuis zijn eng en donker, het koertje is klein. Het enige vertier zijn de duiven van mijn grootvader en zijn zotte accordeonspel als hij met een pint op uit het café van *De Wetses* komt. De indringende geur van de grote haringrokerij en -inleggerij, een van de vele *viskoten* in Marie-

Albert Goris aan het woord is. De muziek van zijn nasale stem zit nog steeds diep in mijn oor. *Marten Toonder* en Jan Albert Goris, ze zijn mijn eerste eilanden van betekenis in de schrale wereld van mijn kindertijd. Pas veel later zal ik weten wie ze zijn.

Mijn ouders werken hard. Ze zijn getrouwd net voor de oorlog uitbrak. Ze zijn met niets begonnen, dat hoor ik ze vaak zeggen. Hebben een zoon gekregen in 1943 en mij in 1949.

Ondanks hun harde werken hebben mijn ouders niets. Nooit. Of toch weinig. Net genoeg om 'proper' te leven. Proper: de deftigheid van arme mensen. Mijn ouders zijn wel trots. Mijn moeder weet ons te kleden met afdragers van anderen, met nieuwe kleren gemaakt van oude. Er worden nooit zotternijen gedaan. Als de kermis voor de deur staat, is het drie keer op de molen en dan gedaan. En misschien eens een extra ritje gratis bij tante Lucie.

Ik ben een kleine zwerfkat. Zit vaak bij de buren, de familie Van Eetvelt, waar ze zes kinderen hebben. Die zijn allemaal ouder dan ik. Ze steken deugnieterij uit, vooral de jongens dan, en ik loop als een bewonderend schoothondje rond hun benen. Als mijn moeder mij kwijt is, moet ze niet gaan zoeken bij mijn grootmoeder Trees of bij tante Henriette. Nee, ik ben liever bij Caroline. Mijn moeder is kwaad als ik daar een boterham meeeet. We mogen niet bedelen, zegt ze.

Ik luister aan het eind van de vakantie naar de verhalen van de buurkinderen over De Panne, waar ze met vakantie gaan. Ze brengen me een emmertje schelpen mee, die ik koester als een schat. Ik ken de zee alleen van hun vakantiefoto's. Ik droom van de zee.

We gaan verhuizen. Naar Lebbeke, het dorp van mijn vader. Daar wonen ook mijn *Meter Natte* (Nathalie), de warmste van

1953. Mijn eerste bewuste herinnering. Ik ben net vier. Het water staat tot aan de drempel van de achterdeur in ons huis in Mariekerke. De Schelde is buiten haar oevers getreden door de Grote Overstroming; Zeeland wordt overspoeld. We kunnen de deur niet uit. Mijn moeder zit in de woonkeuken aan haar werk. Ze vlecht alle dagen, urenlang, sloffen van dikke katoenen linten, sloffen om in laarzen of klompen te dragen. Eén keer per week moet ze die naar het atelier in Boom brengen. Ze wordt betaald per stuk. Een zware baal, helemaal gevuld, zwiert ze met één hand over haar schouder. Daarmee stapt ze op de bus. Mijn moeder is een taaie. Op een dag mag ik met haar mee, we komen terug uit Boom, bij de bushalte in ons dorp vertrekt de bus vooraleer zij goed en wel is afgestapt. Ze ligt op de grond, ze bloedt uit een gapende wonde in haar hoofd. Ik ben radeloos, ze wordt afgevoerd, iemand neemt mij op de arm. Ik heb het gevoel dat vanaf die dag mijn moeder nooit meer sterk zal zijn, ze is dan 39.

Als mijn vader thuiskomt uit de fabriek waar hij lange dagen maakt, kruipt hij 's zomers het stalletje in en 's winters zit hij op mijn moeders plek aan de kachel schoenen op maat te maken, maar veel vaker te verstellen. Iedere avond opnieuw. Mijn vader is nog steeds in zijn tweede job de schoenmaker van het dorp. De geur van leer en latexlijm, het stof van de katoenen sloffen, ze zijn altijd aanwezig in huis.

Behalve op zaterdagavond. Als het huis geschrobd is en de kinderen in de wasteil schoon zijn geboend. Dan gaat mijn vader in de rieten zetel bij het keukenraam zitten en leest me voor uit de *Zondagsvriend*. *Van Heer Bommel* en *Tom Poes*. Veel zal ik er wel niet van begrepen hebben, maar hij heeft de toon gezet, mijn vader. Net als *De Stem uit Amerika*. We moeten muisstil zijn als Jan

Ruzies en verhuizen

ders van de grootste huizen. Bij Caroline en Charel Van Eetvelt vinden mijn ouders, samen met andere buren, een schuilplaats. Die gedeelde ervaringen smeden de buurt aan elkaar voor de komende jaren.

Het merkwaardige is dat er bij ons thuis over die oorlog nauwelijks met een woord is gerept in de jaren vijftig, zestig en later. Men had het doorstaan door te leven volgens de wetten van de slimste en sterkste... Dat was het.

Eduard, de oudste broer van mijn moeder, was overleden nadat hij een tijd gevangen was gezet door de Gestapo en ziek was teruggekomen. Maar ook over hem werd nauwelijks nog gesproken.

oorlog werden veel van die smokkelaars door de Duitsers samengedreven in feestzaal Roxy. Burgemeester *Felix Van Doorslaer* verhinderde dat ze werden weggevoerd door de Duitsers ervan te overtuigen dat de mannen vissers waren. Nu er weer vis op de Schelde zat, hadden ze het beroep van hun vaders en grootvaders opnieuw opgenomen. Een geloofwaardig verhaal, want ze visten ook wel opnieuw paling aan het eind van de oorlog. Die was weer overvloedig aanwezig dankzij het stilvallen van de economische activiteit langs de stroom.

Mariekerke, dat van oudsher een vissersdorp is, leeft op door de wonderbaarlijke haringvangst van 1942. Belgische vissers vangen 40.000 ton haring, een godsgeschenk in een oorlogswinter. In Mariekerke weten ze daar wel weg mee. De grote haringvoorraden worden vakkundig gerookt, gedroogd en ingelegd, zodat ze langer bewaren. In alle huizen hangen haringen boven de kachel te drogen, Charel Saeys bouwt op het koertje achter het huis in de Paardenstraat een rokerijtje. Edward, Jan en Theophiel Saeys schrobben duivenkorven uit en vullen ze met gerookte haring, die ze op de fiets tot voorbij Dendermonde gaan venten. Theophiel en *Karel Saeys*, de zoon van Jan, verdienden en verdienen nu nog hun boterham als ambulante visboer. De Lebbeekse familie komt zich bij mijn vader en moeder bevoorraden. Godelieve herinnert zich nog hoe ze als kind van dertien, veertien jaar soms in het stalletje achter het huis stiekem zo'n haring van de draad haalde om hem in haar eentje op te peuzelen en haar honger te stillen.

Tegen het eind van de oorlog is er de dreiging van de V1's en de V2's, de vliegende bommen. Een terreur die men probeert te overleven door de kamers te verduisteren en door met meerdere gezinnen samen de nacht door te brengen in de kel-

vader en schoonbroers begint hij met kolensmokkel. De schippers, vaak afkomstig uit de streek, die in Limburg steenkool gaan halen, zien er geen graten in om langszij hun schip een deel van hun vracht clandestien te verkopen aan de Mariekerkse 'kolenbonkers'. Beide partijen varen er wel bij. De Mariekerkenaars roeien bij nacht de binnenschepen tegemoet tot in Temse, zelfs tot in Hoboken of Hemiksem. Ze duwen in het donker thuis hun volgeladen boten de Scheldeschorren in, waar afnemers klaarstaan om de brandstof verder te verdelen. Mijn Lebbeekse ooms Damiaan en Fiel komen met platte karren kolen halen voor de familie ginder, een waagstuk.

De bezetter vernietigt af en toe een boot. De angst zit er goed in. Mijn vader, nog steeds een tengere jongeman, doet mee om zo zijn jong gezin (mijn broer Karel wordt geboren in maart 1943) te laten overleven. Maar het is hard. Als de zakken steenkool op de rug vanuit het schor naar de dijk moeten worden gedragen, bezwijkt hij soms onder het gewicht en valt in het slib, klein en tenger als hij is. Mijn moeder kijkt toe en uit luidop haar diep misprijzen. Immers, dat zal de rabauwen van haar familie nooit overkomen. *Caroline Van de Moortel*, een buurvrouw, leest haar de levieten over haar hardheid. Haar oudste zoon, *Jo Van Eetvelt*, toen een kleine jongen, herinnert zich levendig hoe zijn moeder dit verhaal aan zijn vader vertelde.

Aan het eind van de oorlog worden alle sloepen van de kolenbonkers in beslag genomen en weggesleept door het Duitse leger. Een van de weinige dingen die mijn vader ooit over die oorlog vertelde, was over zijn angst wanneer de Duitsers de rivier afspeurden naar de sloepen van de smokkelaars die goed verborgen lagen in de schorren, over de terreur om ontdekt te worden en gegrepen door de Gestapo. Aan het eind van de

briek en vindt het huis leeg. De Saeysclan heeft ervoor gezorgd dat de huisraad, buiten zijn weten om, is opgeladen en dat hun zuster opnieuw in Mariekerke is geïnstalleerd. Petrus zal op dat moment buigen voor de druk van de clan en volgen, maar op zijn manier zal hij zich zijn hele verdere leven verzetten tegen hun regels en geboden.

Veel tijd om rustig te wennen aan hun nieuwe omgeving krijgen Petrus en Louise niet. Ze wonen nog niet lang in het huis aan de Jan Hammeneckerstraat in Mariekerke, dat achteraan uitgeeft op de schorren langs de Schelde, als de Tweede Wereldoorlog uitbreekt. Ook nu weer is de dreiging van ver komen aanrollen. België mobiliseert nadat Groot-Brittannië en Frankrijk Duitsland de oorlog verklaard hebben.

Op 10 mei valt Duitsland België binnen. Jonge mannen die nog niet gemobiliseerd zijn – mijn vader was nooit soldaat geweest – vluchten op de fiets de Franse grens over, alsof daar het heil ligt... Maar ze keren na een paar weken al terug, want op 28 mei capituleert Leopold III.

In Klein-Brabant komt het verzet al snel op gang. Maar merkwaardig: in de lijsten van de *Zwarte Hand* bijvoorbeeld, een van de clandestiene verzetsgroepen in de streek, staat geen enkele Mariekerkse naam. Was men daar meer bezig met pragmatisch overleven dan met heldhaftig verzet?

Het voedselrantsoen per persoon bedroeg per dag 225 gram brood, 10 gram surrogaatkoffie, 50 gram vetstoffen, 30 gram suiker, 500 gram aardappelen en 75 gram vlees. Lang niet alles was te vinden en de gehamsterde voorraden raakten op, zodat de zwarte markt welig tierde. Wie durfde, verdiende geld.

Mijn vader schaft zich samen met zijn vriend *Frans Daelemans* een sloep aan en in navolging van zijn durfals van een schoon-

moeder 'hun pree (hun zakgeld) en hun mes' vroegen. Ze stonden bekend als vechtersbazen.

Zo niet Petrus Vermeiren, die draait zich om en wandelt weg als ze hem uitdagen. En op zo'n man wordt Louise verliefd. In haar familie zijn mannen nochtans uit veel ruwer hout gesneden. Mijn ooms van moeders kant zeiden later over mijn vader dat hij 'ànders' was.

Hij kwam bovendien uit een gezin waar het geld schaars was en zij hadden meer dan genoeg thuis. 'Teveel,' zegt *Theophiel Saeys*, een broer van mijn moeder, nu. Ze werkten er hard voor, namen vaak grote risico's, maar ze lieten het geld dan ook graag rollen. Ze waren een echte 'clan'. 'Recht door zee, maar koleriek en als ze aan één van ons raakten, dan stonden we allemaal voor hem klaar.' Maar dat gold alleen voor eigen bloed, niet voor aangetrouwde familieleden.

Louises vader Charel is nog steeds kapitein op sleepboten samen met Eduard, zijn oudste zoon, als op 16 september 1939 in Mariekerke, met een vat bier in de gang, thuis bij Charel en Trees Saeys, het huwelijk van hun dochter Louise met Petrus Vermeiren wordt gevierd. Het feest zal zich wel op straat hebben afgespeeld, want het was onmogelijk om in dat kleine huis twee grote families zelfs nog maar een stoel te geven. Het jonge paar trekt voorlopig in bij Petrus' oudste broer Damiaan en zijn vrouw *Victorine* in Lebbeke, in afwachting dat ze zelf een huis vinden.

Dat het een mooi huis was, waarin ze uiteindelijk gingen wonen, zegt Theophiel Saeys die zijn zus ging opzoeken in Lebbeke. Maar ze kan er niet wennen, Louise, ze wil na korte tijd al terug naar haar eigen dorp, naar haar clan. Het verzet van Petrus mag niet baten. Op een avond komt hij thuis uit de fa-

meisjes in Aalst. Om de paar weken komen ze te voet van Aalst naar Lebbeke om hun moeder vrijwel hun hele loon te brengen. Damiaan trouwt kort na de dood van zijn vader. Theophiel zet het werk van vader verder. Delphine werkt in het voddenkot en Petrus in de schoenfabriek. Lea en Godelieve, de twee jongsten, gaan nog naar school.

Kermissen zijn in die tijd de lichtpunten in het jaar. Het moment ook om een vrijer of een lief te vinden. Mijn vader wordt halverwege de jaren dertig van zijn fiets gebliksemd door een donkere jonge vrouw die in het friet- en smoutebollenkraam staat op de foor in de Langestraat. Louise Saeys, ze ziet er een beetje zuiders uit met haar donkere krullen, is het hulpje van haar tante *Lucie* en haar nonkel *Jean Van Hemelrijk*. Ze hebben ook nog een paardenmolentje en een schietkraam, waarmee ze de kermissen in Vlaanderen afdoen. Petrus is een heel ander soort man dan haar broers... Meer manieren, minder branie, hij kan goed praten zonder zichzelf op te blazen. En bovenal, hij drinkt niet. In die tijd is dat een absolute uitzondering. In zijn getailleerd kostuum met zijn hoedje op, mag hij er best zijn. Allicht valt Louise ook voor zijn zachte blauwe ogen.

Ze tergen hem behoorlijk als hij op de fiets gaat vrijen naar Mariekerke, dat zo'n twaalf kilometer van Lebbeke ligt. Soms is de enige fiets in het gezin al verpand en moet hij bedelen bij buren of kennissen om er een te lenen. En als hij dan te laat op de afspraak komt, krijgt hij flink op zijn kop van Louise.

Het is niet vanzelfsprekend om een mooi meisje uit een ander dorp te veroveren, je moet bewijzen dat je haar waard bent. Om in de gunst te komen bij een vrouw, ga je op de vuist met je concurrenten. Zo bewijs je je mannelijkheid. Van jongens uit Lebbeke werd gezegd dat ze, als ze op stap gingen, aan hun

Peke Lap is erop gebrand vooruit te komen in het leven. Hij beseft sinds zijn tijd in Koksijde dat er iets anders mogelijk is. Hij spaart voor later, als hij een vrouw zal hebben. Hij besteedt ook graag geld aan het kopen van deftige kleren, waar hij zeer zuinig op is. Een zekere elegantie moest hem worden gegeven. De mooiste schoenen heeft hij altijd, want die maakt hij zelf, daar heeft hij verstand van.

Verliefd wordt hij voor het eerst op een zeer mooie vrouw, ik hoorde het verhaal nog niet zo lang geleden van Caroline. Maar zij mocht van haar ouders niet omgaan met een jongen uit de 'root'. Op zijn sterfbed, in 1984, vertelt hij aan Caroline dat hij haar later nog heeft gezien. Ze was uiteindelijk getrouwd met de zoon van een aannemer van bouwwerken en reed in een mooie auto, hij op zijn fiets. Ze zag hem niet meer staan.

Petrus en zijn oudste zus Delphine vinden een schitterend tijdverdrijf: toneel spelen. Ze debuteren in Toneelkring *Welvaart*, die nauw verbonden was met de lompenfabriek van de familie De Naeyer. Een aantal Lebbeekse jonge mensen, waaronder mijn vader en drie van zijn neven *Verhavert*, stichten in 1935 de toneelgroep *Pogen*, die tot doel heeft 'Ons Vlaamsche volk te dienen door het tooneel'.

Als ze in 1937 *Op hoop van zegen* van de socialist *Herman Heijermans* willen opvoeren, bedreigt de Lebbeekse pastoor hen met zijn banbliksems. Ze buigen het hoofd en geven toe.

In 1936 – zijn jongste dochter is nog geen zes jaar oud – overlijdt Gustaaf Vermeiren op zijn tweeënvijftigste. In een dronken bui heeft hij een pleuritis opgelopen, verzorging en medicamenten zijn er nauwelijks. Nathalie wordt op haar achtenveertigste weduwe en is nu helemaal afhankelijk van wat haar kinderen verdienen. Caroline en Justine werken als dienst-

maar eens 'het leven' moest leren kennen. En als hij dan later nog missionaris wou worden, dat hij zich daartegen dan niet meer zou verzetten.

Er kan ook geen loon gemist worden in het grote gezin. Eén van de oudsten die niet zou gaan werken, het is ondenkbaar. Hij is nooit naar het seminarie gegaan, mijn vader, maar hij was wel de enige in huis die bleef lezen, die soms een krant kocht, spaarde voor een boek.

Petrus gaat op zijn dertiende in de leer bij schoenmaker Edgard, die voor hem een surrogaatvader wordt en dat blijft tot aan zijn dood. Om in zijn leertijd wat bij te verdienen, doet Petrus boodschappen en andere huishoudelijke klussen voor 'Iffra', juffrouw Pluymers, die trouwens later haar huis bij testament overmaakt aan de missiezusters. Hij steekt een handje toe in haar huishouden. Zij leert hem manieren en schaaft zijn taal bij.

Door de mensen die ze leren kennen via hun kleine bijverdiensten of via hun werk als leerjongen of dienstmeisje, steken sommige kinderen uit het gezin dus meer op dan ze normaal zouden meegekregen hebben.

Maar het etiket dat ze uit de 'root' komen, raken ze niet licht kwijt. Mijn tantes zijn stuk voor stuk mooie en verstandige vrouwen, maar elk van hen kan een verhaal vertellen over henzelf of over hun broers die kansen misten, vooral als het ging om het vinden van een lief, omdat ze daar geboren waren, opgroeiden en woonden. Ze waren geen uitzonderingen, zoals zij waren er velen in Vlaanderen.

Als volleerd schoenmaker gaat Petrus begin jaren dertig werken bij de S.A. Chaussures de l'Escaut, de Nadia, in Dendermonde. Thuis, in zijn 'vrije' uren, repareert hij schoenen voor particulieren. Wat hem al snel de bijnaam 'Peke Lap' oplevert, de schoenlapper.

Om aan te sterken, krijgen Delphine en mijn vader Petrus de kans om in 1925 voor een jaar naar de zeeklassen te gaan. Delphine moet naar de nonnen in Oostende en mijn vader naar een school in Koksijde. Ze zijn 11 en 12 als ze vertrekken; Delphine huilt hartverscheurend omdat ze van haar broer gescheiden wordt. Wanneer mijn vader over die tijd vertelde, klonk dat verhaal altijd alsof toen de wereld voor hem openging. Hij leert een beetje Frans spreken en schrijven, hij heeft tijd en gelegenheid om boeken te lezen, hij is weg uit het ruwe milieu dat het Lebbeekse citeetje toch is. Hij houdt van de zee. Kortom, hij leidt voor even een onbezorgd kinderleven.

Nooit heeft hij mij verteld hoe hij terug naar de 'root' ging. Dat heb ik van zijn jongste zussen gehoord. Gevoelige jongen als hij is, heeft hij zich bij een priester op school beklaagd over zijn vader die drinkt, over het benepen huisje waarin het grote gezin woont, over het harde werken dat hij op zich ziet afkomen, net zoals bij zijn oudere broers. De geestelijke ziet voor hem een uitweg. Hij zou een ander leven kunnen hebben indien hij priester zou worden. Kleine Petrus, die waarschijnlijk een interessante en ietwat avontuurlijke toekomst voor zich ziet, zichzelf al ver weg droomt, weg van het harde leven in de cité, als held in het verre romantische Afrika, schrijft aan zijn moeder dat hij missionaris wil worden, dat hij naar de Congo wil om zieltjes te winnen, 'het kruis in de hand'.

Gustaaf heeft dat anders gezien. De invloed van de pastoors op zijn jongste zoon zint hem niet. Als Nathalie hem de brief laat lezen, trekt hij stante pede naar Koksijde om Petrus weer naar huis te halen. Hij heeft het niet zo begrepen op dat 'zieltjes winnen'. Hij moet daar in Koksijde aan de nonnen gezegd hebben dat het allemaal goed en wel was, maar dat zijn zoon eerst

kousen op de kachelroede en een hete steen om hun voeten te warmen. Zoals dat gaat in de cité's, is er in de 'root' één gemeenschappelijke pomp voor de twee rijen huisjes. Caroline herinnert zich haar moeder vooral constant aan de wastobbe. Om een gezin met acht kinderen netjes te houden, moeten er dagelijks vele emmers worden aangesleept. Er is geen hap eten te veel, maar als er bezoek komt, wordt een van de kinderen naar de winkel gestuurd om een 'vindeel' (125 gram) boter en wat koekjes. Nooit krijgt iemand het gevoel bij Nathalie niet welkom te zijn.

Hoewel Gustaaf vaak lam van de drank in zijn zetel ligt, kijkt hij er nauw op toe dat zijn dochters niet uithangen in de cafeetjes op de nabije steenweg, 'de Rakail', waar gedanst wordt. Er zwaait wat als hij dat te weten komt. Niet dat vader zelf een voorbeeld is. Precies daarom weet hij allicht perfect hoe het er daar aan toe gaat.

De oudste meisjes, Delphine en Caroline, blijven vaak weg van school om hun moeder te helpen in het huishouden. Caroline verdient in 1927, ze is dan acht jaar, 40 frank per maand om na schooltijd op de baby van de familie De Naeyer te passen op het kasteeltje.

De gouvernante, die ze in de 'root' plagend 'Kodakske' noemen, neemt mijn tante onder haar vleugels en leert haar, een paar jaar later, als ze als dienstmeidje op het kasteel werkt, toch behoorlijk lezen en schrijven.

Caroline voelt sterk het verschil tussen haarzelf en haar zussen en broers en de kinderen van industrieel De Naeyer: 'Ik begreep niet waarom ik minder waard was, maar ik besefte heel sterk, toen al, hoe klein ik ook was, dat ik ervoor zou zorgen dat mijn leven veranderde.'

komen Charel en Trees terug naar België en kopen meteen een huis in de Paardenstraat in Mariekerke, waarvoor ze 1700 frank neertellen.

Jarenlang is de zwarte scheepskoffer op zolder de getuige gebleven van hun oorlogsavontuur. Ook het scheepskompas bleef een leven lang de trots van mijn grootvader. Mijn moeder had vage herinneringen aan Londen, ze was een kleuter van vijf toen ze er vertrok. Ze is er nooit terug geweest. Het was de langste reis die ze in haar leven maakte.

Charel Saeys had, zo jong als hij was, al zijn reputatie gevestigd: de man die voor niks terugdeinsde. Een vader om naar op te kijken voor zijn zonen. Onbewust het model waaraan elke man gespiegeld werd voor zijn dochters. Natuurlijk kon niemand hem ooit evenaren in hun ogen.

De sporen van een familie zonder geschiedenis proberen terug te vinden, waar ben ik aan begonnen? Hoe was het Nathalie Verhavert en Gustaaf Vermeiren in Lebbeke vergaan tijdens die Eerste Wereldoorlog? Iedereen van de familie die die tijd heeft meegemaakt is overleden. De tantes die nog leven, Caroline, *Justine, Lea* en Godelieve, zijn allemaal na de oorlog geboren. Maar aan de tijd vlak erna hebben ze wel nog levendige herinneringen. De jaren twintig, de grote crisis, het maakt voor hen niet veel verschil. Ze hebben immers nooit veel gehad. Maar het is een warm gezin, waar de oudere kinderen zorgen voor de jongere. Nathalie Verhavert is een klein warmhartig vrouwtje met veel zin voor humor. Ze moet rondkomen met weinig voor velen. Caroline en ook mijn vader vertelden telkens weer hoeveel van het verdiende geld door hun vader werd uitgegeven in de cafés.

De kinderen, die 's winters thuiskomen met natte voeten in hun klompen, vinden bij Nathalie altijd warme droge

Al jaren voor de oorlog is er in Klein-Brabant, de streek waar ze wonen, drukke militaire activiteit. Het ontgaat niemand dat er een militair treffen op komst is en dat de Schelde en haar monding de inzet zullen worden, in deze streek. Er wordt een fortengordel gebouwd, de zogenaamde 'Vesting Antwerpen'. Wanneer eind juli de algemene mobilisatie wordt afgekondigd, besluiten Charel en Denis te ontsnappen aan het oorlogsgeweld en weg te vluchten voor de Duitse invasie. Charel smeedt met zijn schoonbroer een plan om over te steken naar Engeland. Hij schaft zich in Holland een scheepskompas aan. Op een windstille zomerdag vaart hij naar de Scheldemonding en steekt vanuit Nederland het Kanaal over, met het sleepschip van Denis en Litte vastgemaakt aan zijn motorschip. Dat hij met zijn binnenschip en het andere schip op sleeptouw, recht Dover binnenvoer, heeft hij aan zijn zonen honderden keren verteld, met de nodige trots. Beide schepen leggen later aan vlakbij de Towerbridge in Londen. Charel blijft in de oorlog een tijd schepen van Dover naar Londen slepen op de Theems. Wanneer Franco Belge zijn schip verkoopt, gaat hij op een Londense scheepswerf werken. Het huisadres 'London Street', in de toen nog armoedige *Docklands*, blijft een mythe in de familieverhalen. Net als verhalen over Zeppelins en over schuilen in de Londense Underground voor de bombardementen.

Dat ze ginder aan de andere kant van het kanaal desondanks niet slecht geboerd hebben, blijkt uit een foto van het prille gezin, goed in de kleren en trots in de camera blikkend. In Londen wordt in 1918, het einde van de oorlog, ook de tweede dochter, *Henriette*, geboren. Een geruststellend portret is het, van een mooi jong gezin. Het belandt na een omweg via een broer in Genève net voor de wapenstilstand bij de familie in Mariekerke. In 1919

nog een dochter en vier zonen volgen. Tussen de twee gezinnen is er veel gelijkenis, maar evenveel verschil.

Gustaaf Vermeiren is een bescheiden fruitkoopman. Hij rijdt het land af met zijn hondenkar, later met paard en kar, om boomgaarden te inspecteren en een bod te doen op de vruchten. Met zijn twee oudste zonen, *Damiaan* en *Fiel*, plukt hij het fruit om het daarna te verkopen op de vroegmarkten. Zijn oudste dochters verkopen de overschotten, of wat niet goed genoeg is voor de markt, van deur tot deur. De markt is soms té vroeg en té ver als Gustaaf de dag ervoor weer te diep in het glas heeft gekeken. Dan moet Nathalie overnemen. Met haar oudste zoon en meestal met een zwangere buik rijdt ze door de nacht over de kasseiwegen op de hondenkar naar de vroegmarkt. Als het koud is, warmt ze haar voeten aan de lantaarn van de kar.

Nathalie en Gustaaf wonen met hun acht kinderen in een arbeidershuisje met twee kamers in de 'root', een cité naast de spoorweg Dendermonde-Brussel in Lebbeke Heizijde. Aan de andere kant van de spoorlijn ligt het 'voddenkot', de lompenverwerkende fabriek van de huiseigenaars, de familie *De Naeyer*, die op een boogscheut daarvandaan in een negentiende-eeuws omwald kasteeltje woont. De laatste, ondertussen verbeterde huisjes van de Lebbeekse arbeiderscité werden pas in januari 2004 gesloopt.

Charel Saeys werkt in 1914, bij het uitbreken van de Eerste Wereldoorlog, als 'zetschipper' op een binnenschip, voor rekening van de *Compagnie Franco Belge*. Hij is eenentwintig jaar, Trees is er twintig, waarschijnlijk vervoeren ze erts of steenkool. De zuster van Trees, *Litte Pepermans*, en haar man *Denis Van Houteghem*, zijn ook zetschippers.

De geschiedenis proberen te reconstrueren van een familie waarin geen brieven werden geschreven, geen dagboeken bijgehouden, zeer weinig foto's gemaakt, is geen eenvoudige zaak. Een paar gesprekken met nog levende tantes en een oom, wat notities neergeschreven door één van hen, ze vormen samen een vage puzzel die ik probeer in elkaar te passen. Het blijven heel fragmentarische beelden, flarden soms. Het is bovenal *mijn* puzzel. Zo heb ik het ervaren.

Waar kwamen mijn vader en moeder vandaan, hoe werden ze wie ze waren, waarom vonden ze elkaar? Geschiedenis is niet erg belangrijk voor de vorige generatie, want er is weinig om met trots aan terug te denken in de ene tak. Wel zijn er veel pijnlijke herinneringen aan tekort. Ze hielden en houden zich liever vast aan het nu, dat beter is, dan aan het verleden, aan de plaats die ze voor zichzelf hebben bevochten en aan de herinnering aan een warm nest broers en zussen die goed voor elkaar zorgden. In de andere struik was men erop achteruit gegaan met de jaren. Daar werden de 'heldendaden' uit beide oorlogen gekoesterd. Geen reguliere heldendaden. Militairen of verzetslui moet je daar niet zoeken, wel vrijbuiters, overlevers, smokkelaars, sjacheraars, stropers, slimmeriken.

Op nieuwjaarsdag 1914 krijgen Nathalie Verhavert en *Gustaaf Vermeiren* hun vierde kind, Petrus (mijn vader), die omdat hij zo'n klein teer jongetje is, zijn hele leven *Peke* genoemd zal worden. Van de twaalf kinderen zullen er acht in leven blijven, drie jongens en vijf meisjes. De jongste, *Godelieve*, wordt geboren in 1930. Elf dagen na Petrus, op 12 januari 1914, wordt in Mariekerke *Louise* (mijn moeder) geboren, het eerste kind van *Charel Saeys* en *Trees Pepermans*. Er zullen bij hen

Familie zonder geschiedenis

geschiedenis
zonder
Familie

geboren in 1949, Yamila in 1968. En dan is er nog dat andere verschil. Ik ben van hier, mijn ouders waren van hier. Yamila's ouders zijn Marokkaans. Mijn vader ging naar de kerk, Yamila's vader gaat naar de moskee.

Vaders als die van Yamila hebben de plaats ingenomen die mijn vader en zijn vader hadden. De plaats op de laagste sport van de maatschappelijke ladder. De ambitie van hun kinderen blijft echter dezelfde. Vooruitkomen. Vrij zijn. Weten. Kennen.

Aan de ene kant ben je voor altijd 'het kind van', aan de andere kant ben je wat je doet, wat je hebt verwezenlijkt. *And in between the two shall meet?* Soms, heel soms, zijn die twee kanten in harmonie, vinden ze vrede met elkaar. Met het ouder worden wat vaker, wat makkelijker. Het verleden verstikken onder dikke lagen leven is onvruchtbaar. Pas als het verleden zijn plaats krijgt, kan het rusten.

Dikwijls in mijn leven heb ik mij 'vreemd' gevoeld in de milieus waar ik vertoefde. Vreemd omdat ik de codes niet kende, vreemd omdat ik niet de voorkennis had die verondersteld werd, vreemd omdat het leek alsof ik een ander soort 'emotionele' bedrading had. Ik begrijp dus misschien iets beter wat het is om echt 'vreemd' te zijn en je toch van hier te voelen.

Mijn verhaal en dat van Yamila Idrissi staan hier rug aan rug. Om het even met welk van de twee levensverhalen u begint, lezer, de twee paden komen uit op één weg. En die weg ligt in België, in Vlaanderen, in Mariekerke, in Mechelen, in Antwerpen, in Brussel. Maar die weg loopt vooral dwars door de maatschappelijke geledingen heen, over afsluitingen en hindernissen. Het is een weg waarvan ik hoop dat veel allochtone en autochtone jonge mensen hem zullen gaan in de jaren die komen, mét hindernissen en al.

valt over gelijkenissen. En over hoe de ene kan leren uit de ervaringen van de ander. Maar dat is een ander *belang*, veel belangrijker dan het huidige Belang kan en durft te vermoeden. Voorbij de bangheid.

Na die ontmoeting in februari 2004 zijn Yamila en ik blijven praten, blijven exploreren, blijven alle paden en paadjes van ons beider levens aflopen. Steeds meer gelijkenissen en parallellen hebben we gevonden. Vooral dan in de hindernissen die we allebei hebben moeten overwinnen, in de achterstelling, het tekort, het gemis. Maar ook in de kansen die we hebben gekregen, de opportuniteiten die we hebben benut of niet benut.

Ik hoor het Caroline zeggen: 'We zijn allemaal goed terecht gekomen in onze familie.' Ze is er trots op dat de kinderen en vooral de meeste van de zevenentwintig kleinkinderen van *Nathalie Verhavert*, die als jonge weduwe in het begin van de twintigste eeuw met acht kinderen in een piepklein huisje hokte, die 'geen nagel had om haar gat te krabben', een respectabele plaats in de maatschappij hebben veroverd.

Ze is trots, net als de grootmoeder van Yamila Idrissi in het Marokkaanse *Imrabten* trots is op haar kleindochter, voor wie het helemaal niet vanzelfsprekend was om rechten te gaan studeren.

We zijn allebei, Yamila Idrissi en ik, kinderen van twee werelden. Nooit zullen we de sporen kunnen uitwissen van de wereld van onze ouders en grootouders. De armoede, de onwetendheid, de onderdrukking, de vernedering, de angst voor de grote wereld die zij hebben ervaren, blijven aan ons kleven. Het is ons DNA. Het DNA van arbeiderskinderen. Dat DNA dat vooral betekende: Durf Niet Anders te zijn dan wij.

Het voornaamste verschil tussen ons zijn de jaren. Ik ben

toe om te vergeten dat niets van wat ik ben en heb vanzelfsprekend is.

Waarom wil ik opschrijven waar ik vandaan kom? Waarom wil ik analyseren wie ik ben geworden, hoe en waarom? Waarom wil ik nagaan hoe het komt dat de goede dingen zijn wat ze zijn, terwijl de mislukkingen vaak te lang bitter bleven smaken? De concrete aanzet hiertoe was een interview begin 2004 in een Marokkaanse kledingzaak in Molenbeek, een gesprek met Yamila Idrissi, toen nog Brussels en Vlaams parlementslid voor *SP.A*. De directe aanleiding voor dat interview was veertig jaar Marokkaanse migranten in België. Toen het gesprek *on the record* afgelopen was, praatten we door. Voor de zoveelste keer herkende ik veel van mijn eigen verhaal in dat van een allochtone jonge vrouw, die zich met ambitie en lef ontworsteld heeft aan het voorbestemde van haar afkomst. Voor de zoveelste keer besefte ik ten volle dat er meer gelijkenissen dan verschillen zijn tussen iemand als Yamila en mijzelf, tussen *hen* en ons. Onze verhalen zijn daarvan slechts toevallige voorbeelden, er zijn veel meer vrouwen zoals zij en ik.

Veel later herinnerde ik mij dat ik Yamila jaren eerder al was tegengekomen in een debat georganiseerd door het Mechelse jeugdhuis *Rzoezie*, dat toen zijn vijftiende verjaardag vierde. We zaten samen in een soort kapel in Mechelen in een panel over de emancipatie van allochtone vrouwen. We hadden het toen al, herinner ik me, over hoofddoeken of geen hoofddoeken. Daar is men, tien jaar later, nog steeds over bezig. Terwijl het daar helemaal niet meer over zou hoeven te gaan, wordt de discussie daar langs beide kanten steeds feller op toegespitst.

Langs twee kanten *blokkeren* we ons in een vals debat over verschillen. Terwijl er een veel interessanter gesprek te voeren

Een paar dagen nadat ik de laatste hand leg aan mijn deel van dit boek, overlijdt Caroline Vermeiren, mijn tante. Net geen vijfentachtig is ze geworden. Ik zag haar voor het laatst in goeden doen op nieuwjaarsdag. Ze ging toen al zienderogen achteruit. Fel vermagerd was ze, maar nog steeds vol verhalen en anekdotes. In haar mengeling van opgekuist Lebbeeks en zelf aangeleerd Frans, met een accent dat tot haar vreugde soms voor Italiaans wordt versleten, vertelt ze over haar aanbeden jongste broer *Petrus*. Petrus was mijn vader.

Ze heeft een paar weken eerder haar halve appartement uitgerookt, omdat ze niet goed meer weet hoe ze de open haard moet aanmaken. Maar op nieuwjaardag 2005 is ze helemaal zichzelf, dat zelf dat ze altijd had willen worden, voorbij dat andere zelf: een *madame* met perfecte manieren, goed gekleed aan een keurig gedekte tafel. De manieren heeft ze geleerd toen ze nog een meisje was, als inwonende meid bij rijke families. Manieren die haar goed van pas kwamen toen haar ambitieuze man later vooruitkwam in zaken.

Caroline praat zich over en weer tussen haar twee werelden. Die van vroeger, met haar zeven broers en zussen in een armoedig huisje in de 'root' in Lebbeke, en haar wereld van nu. Die van haar kleindochter, *Marine*, die alleen Frans spreekt en op een deftig *collège* in Waterloo zit, haar dochter Chantal en haar vriend, de Waalse vorser *Joseph*, die letterlijk niets begrijpt van die Vlaamse familie. Chantal, de perfect tweetalige dochter, de brug tussen het vroeger en het vandaag van Caroline.

Precies zo is Caroline voor mij een leven lang een brug geweest tussen waar ik vandaan kom, wie ik ben geworden, en alles wat die twee werelden verbindt en scheidt. Haar steeds weer herhaalde verhalen over vroeger laten mij niet

Over en

weer

tussen

twee

werelden

twee

tussen

weer

Over en

Voor Lotte Vandyck en Luna Vandyck, mijn kleindochters.
En voor Marine Maire, de kleindochter van Caroline Vermeiren
en mijn metekind.

Voor Kristin,

Van harte,

[illegible signature]

4.11.05

KIF-KIF

Aan de ander kent men zichzelf

Yamila Idrissi | Tessa Vermeiren

Twee verhalen van en over twee vrouwen die met ogenschijnlijk zo verschillende roots merkwaardige overeenkomsten vertonen: het kan niet anders dan belangstelling wekken, treffen, ontroeren... Nogmaals een bevestiging van hoe essentieel individuele gedrevenheid en kracht, goed onderwijs en juiste keuzes altijd zijn. Een boek waarin vrouwen, van welke afkomst ook, die opgroeiden in het naoorlogse Vlaanderen, zich om heel wat redenen zullen (h)erkennen.

Marleen Vanderpoorten

Emancipatie is geen gemakkelijk verhaal. Het is een verhaal van weerbarstige structuren en hardleerse instellingen. Maar ook een verhaal van mensen die hun lot in eigen handen nemen. Het gaat over verzet tegen een toekomst die anderen voorschrijven. Het gaat over het verlaten van begane paden. Over risico's nemen. Dus over vallen en opstaan. Het is een verhaal waarin onderwijs een cruciale rol speelt. Waarin leerkrachten het verschil kunnen maken, voor een leven lang. Emancipatie is een verhaal dat in onze samenleving telkens herbegonnen moet worden. Het verhaal van Tessa en Yamila getuigt daarvan. En maakt duidelijk hoe treffend de gelijkenissen zijn tussen het arbeiderskind dat de lagere school binnenstapt in de jaren '50 en het migrantenkind dat hetzelfde doet in de jaren '70. Net nu we verschillen zo graag benadrukken, moet het verhaal van Tessa en Yamila daarom gelezen worden.

Frank Vandenbroucke

Dit boek van Tessa Vermeiren en Yamila Idrissi wil het hebben over 'Ons' in plaats van over 'Wij – Zij'. Het zal voor velen, vooral dan voor vrouwen die op de één of andere manier nog moeten vechten in hun leven, een steun betekenen. Al was het maar door de herkenning. Als Tessa zich afvraagt of ze wel een goede moeder kan zijn met haar drukke job, herken ik dat gevoel. De strijd die Yamila voerde om te mogen verder studeren, heb ik ook gekend. Het is een verhaal van vallen en opstaan. Van vreugde en pijn, van grenzen verleggen die voor jou getrokken werd door je ouders, je omgeving, de school, het lot.

Nahima Lanjri

Tessa Vermeiren en Yamila Idrissi beschrijven het moeilijke parcours dat ze gingen om hun afkomst en omgeving te over stijgen. Je moet als mens, meer nog als vrouw, over een enorm zelfbewustzijn beschikken om die groei te willen en aan te kunnen. Want ook al kan je een mens verplaatsen naar een ander land, een andere kring, toch blijft dat vorige land, die vorige kring in die mens zitten. Hun verhaal is niet af. Want zoals André Gide zegt : "Ik ben nooit – ik word".

Miet Smet

Een boeiend verhaal van twee vrouwen die allebei moeten optornen tegen hetzelfde soort conservatisme. Beiden ontdekken – met vallen en opstaan – gelijkaardige lichtpunten. Dit verhaal is een krachtig pleidooi voor een gelijke kansen beleid dat sociale achterstelling aanpakt en de ontplooiing van het individu stimuleert.

Benjamin Van Camp

Twee sterke vrouwen, niet alleen omdat ze het zogenaamd gemaakt hebben maar vooral omdat ze het aandurven ongemeen openhartig over hun zwakheden te spreken. Twee ontzettend boeiende levensverhalen, vanuit verschillende inzichten en ervaringen geschreven en toch zo gelijkaardig. Kronieken van een moeizame worsteling met de conditionering van je afkomst en het milieu waarin je bent opgegroeid, zijn het. En tegelijkertijd een hunkeren naar geborgenheid. Beiden beseffen dat de strijd voor de emancipatie van de arbeider, de vrouw en de migrant neerkomt op het streven naar vrijheid. Alle twee willen ze buiten de conventies treden, in volle vrijheid keuzes maken die ze voor hun leven belangrijk vinden. En ze leren dat de vrijheid verantwoordelijkheid inhoudt, ook in het privé leven.

Frank Beke

Twee beklijvende verhalen van twee vrouwen die op het eerste gezicht uit twee erg verschillende werelden komen. Een andere leeftijd, op een andere plaats op de wereld geboren. Maar hoe verbazend zijn de gelijkenissen in het boek! De verhalen van Yamila en Tessa vertellen over hoe sociale afkomst vrouwen drijft om vooruit te komen, maar vaak ook hun dromen in de weg staat; over hoe belangrijk het is te kunnen studeren en werken... Open en bloot geschreven, met twijfels en pijn soms, maar nooit met zelfbeklag. Wel met lef en overtuiging. Tessa en Yamila zijn bruggenbouwers, terwijl anderen er alleen maar op uit zijn om die op te blazen. Om even erg stil van te worden en daarna heel blij te zijn met dit hoopvolle geschenk.

Anne Van Lancker

C.I.P. Koninklijke Bibliotheek Albert I

KIF-KIF

Tessa Vermeiren en Yamila Idrissi

ISBN 90 5466 949 7

NUR 321

Tel.: 051 26 65 59

Fax: 051 26 66 80

roulartabooks@roularta.be

www.roulartabooks.be

Eindredactie: Sofie Messeman

Zetwerk en lay-out: Oeyen & Winters

Foto cover: Lieve Blancquaert

Ontwerp cover: Oeyen & Winters

Druk: Imschoot, Gent

Wettelijk depot: D/2005/5166/74